科技特派员在行动

科技日报社 著

人民邮电出版社
北京

图书在版编目（C I P）数据

特有范儿 ：科技特派员在行动 / 科技日报社著. -- 北京 ：人民邮电出版社，2020.10
ISBN 978-7-115-54410-0

Ⅰ. ①特… Ⅱ. ①科… Ⅲ. ①农业科技推广－专业技术人员－先进事迹－中国 Ⅳ. ①K826.3

中国版本图书馆CIP数据核字(2020)第121126号

内 容 提 要

科技特派员制度是开展精准扶贫的重要抓手。本书回溯科技特派员制度的源起、发展的历程，综述该制度取得的丰硕成果，沿着“政策—人物—故事—精神”的脉络，选取20位扎根农村、精准帮扶农业科技发展的科技特派员典型，从奉献、坚守、务实、创新4个方面勾画出一幅幅他们服务“三农”的动人画面，宣扬他们“将论文写在祖国的大地上”的熠熠风采，并提供10段采访视频，生动鲜活地讲述在脱贫攻坚战中涌现的先进事迹。本书还进一步梳理出科技特派员制度在实施过程中卓有成效的创新模式，以传播科技扶贫的实践经验。

本书反映了科技特派员制度在脱贫攻坚战中发挥的突出作用，旨在激励和引导新时代科技工作者新担当新作为。

◆ 著　　　　科技日报社
责任编辑　韦　毅
责任印制　李　东　陈　犇
◆ 人民邮电出版社出版发行　　北京市丰台区成寿寺路 11 号
邮编　100164　　电子邮件　315@ptpress.com.cn
网址　https://www.ptpress.com.cn
北京瑞禾彩色印刷有限公司印刷
◆ 开本：720×960　1/16
印张：19.25　　　　2020 年 10 月第 1 版
字数：231 千字　　　　2020 年 10 月北京第 1 次印刷

定价：79.00 元

读者服务热线：(010)81055552　印装质量热线：(010)81055316
反盗版热线：(010)81055315
广告经营许可证：京东市监广登字 20170147 号

编 委 会

主编

李　平

副主编

许志龙　刘玉宏

编写小组成员

（按姓氏音序排列）

陈　磊　陈　瑜　崔　爽　代小佩　付毅飞

高　博　过国忠　江　耘　寇　勇　李　艳

刘　莉　刘志伟　马爱平　马惠军　申　明

盛　利　谈　琳　滕继濮　王小龙　王延斌

王迎霞　谢开飞　杨　仑　杨　雪　雍　黎

俞慧友　张盖伦　张景阳　赵文红

序　言

我与科技特派员工作结缘，始于 2006 年。

那一年，我组织的首届全国测土配方施肥技术研讨会在呼和浩特市召开。会上，来自浙江大学的吴良欢教授介绍了他自 2005 年起担任浙江省省级科技特派员，在浙江省仙居县一个欠发达乡镇开展科技兴农工作的情况。我当时就被他那种脚踏实地、既接地气又很有实效的做法吸引了。

我也开始积极探索深入农业生产一线的科技扶贫模式，并有幸成为科技助农和科技兴农队伍中光荣的一员。

2009 年，我组织中国农业大学的师生开始在河北省曲周县开展科研和社会服务工作，创建了全国第一个扎根农村、“零距离、零时差、零门槛、零费用”服务“三农”的“科技小院”。

从河北曲周起，云南镇康、吉林梨树、陕西洛川、山西吕梁、山东莱西，我们这样的“科技小院”遍地开花。经过十余年的努力，“科技小院”覆盖 45 种作物产业，培训农民 20 多万人次，同时与 63 家合作社和 37 家企业紧密合作，推广应用技术 5.6 亿亩。我也因此获得 2018 年全国脱贫攻坚奖（创新奖）。

对中国农业大学的师生来说，扎根河北曲周、服务乡村振兴是有传统的。从 1973 年开始，中国农业大学的师生与农民同吃同住同劳动，改土治碱，誓把盐碱地变成米粮川。21 世纪初，年轻一代传承接续，再次扎根农村。十余年来，我们先后建立了 215 个“科技小院”，创新技术 170 多项，带动 2000 万农民实现增产增收。

中国农业大学扎根曲周 40 多年、服务乡村振兴所体现的“曲周精神”，是科学报国历史的缩影。新时代，科技特派员在地方建立“科技小院”，则是真真正正做到了“把论文写在祖国的大地上”。从“曲周精神”到“科技小院”，时间在变，问题在变，环境在变，人也在变，可贵的是，中国农业大学和曲周的合作关系没有变，“责任、奉献、科学、为民”的精神内核没有变。

更为可贵的是，“科技小院”创立了科技兴农的新模式，这是科技特派员新机制的有益探索。乡村振兴、人才先行，“科技小院”创新人才培养模式，实现了专家与农民、科研与生产、育人与用人“零距离”，发挥了很好的示范引领效应，为新时代深化乡村科技特派员工作注入了新的活力。

自 1999 年起，第一批科技特派员肩负起服务“三农”的使命。20 多年来，科技特派员制度坚持人才下沉、科技下乡、服务“三农”，这个队伍逐渐壮大，如今已达数十万人。

《特有范儿：科技特派员在行动》讲述的就是这支队伍中一些典型代表的故事：有一心扑在葡萄地的谢福鑫；有只为茶花满山开的王衍成；有从外来客变身“娘家人”的陈思宇；有让“顶天”的科研“接地气”的林占熺……翻开这本书，可以了解他们改变贫困乡村的点滴，感受他们秉持初心扶贫助困的情怀，领略他们创新创业勇于担当的精神。这让我再次回忆起奔波在田间地头乐此不疲的那种满足感，以及带着贫困群众增收致富的那种喜悦之情。

他们只是这一光荣队伍中的代表。20 多年来，还有许多像他们一样的科技特派员积极投入脱贫攻坚主战场，不辱使命，无私奉献，大力开展科技扶贫工作，在脱贫攻坚中发挥了不可替代的作用。

科技是引领发展的第一动力，科技是战胜困难的有力武器。战胜突如其来的新冠肺炎疫情如此，农业科技创新、产学研深度融合以解决温饱问题也是如此，全面打赢脱贫攻坚战、实现强国梦更是如此。

2019 年，习近平总书记对科技特派员制度推行 20 周年作出重要指示指出，“广大科技特派员要秉持初心，在科技助力脱贫攻坚和乡村振兴中不断作出新的更大的贡献”。总书记的重要指示为科技特派员工作指明了奋斗目标和前进方向。我们科技特派员要肩负起“解民生之多艰”的社会责任感，以“育天下之英才”的开阔胸襟，投身服务“三农”的事业，扎根农村沃土，深谋乡村振兴。

2020 年是全面建成小康社会目标实现之年，也是全面打赢脱贫攻坚战收官之年。这本书的出版恰逢其时，讲述了典范的故事，梳理了成功的模式，既有对过去的总结，又有对未来的期许。希望更多的有志之士加入我们的队伍，如本书中的这些鲜活人物这般展现出科技工作者特有的“范儿”，投身扶贫大业，行动起来！

张福锁

中国工程院院士

前　言

2019年10月21日，习近平总书记对科技特派员制度推行20周年作出重要指示指出，科技特派员制度推行20年来，坚持人才下沉、科技下乡、服务“三农”，队伍不断壮大，成为党的“三农”政策的宣传队、农业科技的传播者、科技创新创业的领头羊、乡村脱贫致富的带头人，使广大农民有了更多获得感、幸福感。习近平总书记强调，要坚持把科技特派员制度作为科技创新人才服务乡村振兴的重要工作进一步抓实抓好。

源于福建南平的科技特派员制度，是习近平总书记在福建、浙江工作期间亲切关心指导、总结提升的农村工作机制重大创新。1999年，福建南平和全国大多数地方一样，原有的农村科技服务网络面临“线断、网破、人散”的困境。为满足许多农民提出的由政府派出农技人员帮助他们兴农致富的要求，福建南平市委、市政府从市县两级涉农部门、农业科研院所以及部分乡镇农技站中，选派了一批农业科技人员，到农业生产一线担任科技特派员，为农民提供最急需的科技服务，指导产业发展。2002年，时任福建省省长的习近平同志在对南平市向农村选派干部，即选派村党支部书记、科技特派员、乡镇流通助理的工作进行专题调研后，给予了充分肯定，并在《求是》杂志上发表署名文章《努力创新农村工作机制——福建省南平市向农村选派干部的调查与思考》，指出这一做法是“对市场经济条件下创新农村工作机制的有益探索，值得认真总结”。

2002年，科技部总结福建南平科技特派员实践经验，在西北五省区开展试点；2009 年，科技部等八部门在全国范围内启动科技特派员行动；2016 年，国务院办公厅印发《关于深入推行科技特派员制度的若干意见》，从国家层面谋篇布局……在科技特派员工作的推进过程中，各级科技主管部门坚持以服务“三农”为出发点和落脚点，探索出一条通过人才和科技助力农民增收和脱贫攻坚的农业科技社会化服务新路径，为推动我国农业强、农村美、农民富提供了有力的科技支撑和智力支持。截至 2019 年，科技特派员服务覆盖全国所有县（市、区），领办创办 1.15 万家企业或合作社，直接服务 6500 万农民，带动超过 1010 万户农民增收，平均每年转化示范 2.62 万项先进适用技术。20 余年间，数十万名科技特派员任劳任怨、无怨无悔，矢志不渝地践行着“把论文写在祖国的大地上”的庄重誓言。他们就像种子一般，在大地上生根发芽，让“创新之花”开遍神州大地。

此次，科技日报社携手人民邮电出版社，隆重推出这本《特有范儿：科技特派员在行动》，是对先进典型、创新做法的再次开发，用结合视频的方式讲述与科技特派员制度有关的故事。

《科技日报》关注“三农”问题，尤其关注依靠科技振兴农业农村的伟大事业，对科技特派员制度一直予以积极关注，在科技特派员制度兴起之初就予以全面报道。自 2010 年起，《科技日报》先后开设了“科技特派员群英谱”“最美科技特派员”“科特派在行动”等专栏，聚焦报道了一批科技特派员典型和他们的创新做法。

在采访中，记者目睹了科技特派员不忘初心的倾情付出，见证了他们无悔使命的坚持坚守，惊叹于他们让乡村旧貌换新颜的丰功伟绩。

我们看到，时代楷模、全国优秀科技特派员李保国用“科技之手”点石成金，帮助太行山区群众打开脱贫致富之门，无私奉献直至生命的最后一刻，探索出一条经济社会生态效益同步提升的扶贫新路；我们看到，菌草技术发明人林占熺坚守 30 多年，把技术拓展到菌草生态治理、生物质能源等交叉学科和领域，建立起一个新兴的产业技术体系，并将其传播到 100 多个国家和地区；我们看到，基层农业干部谢福鑫将国外先进技术引进国内，从零开始培育武夷山的葡萄产业，带领老区群众走出了一条脱贫致富的小康之路……

全书分为人物篇、模式篇和评说篇三大部分，不仅呈现了数十个生动而有代表性的科技特派员的风采，带领读者深入现场，还在对一线农业科技工作者的采访、调研中，提炼出科技特派员制度的内生动力以及一些值得深思与推广的体制机制：有些地方出台新的考核办法，鼓励院校专家在农村创业；有些地方采用互联网和云技术，紧密连接基层需求和市场动向；有些地方探索更完善的合作分配机制，鼓励科技人员扎根农村、持续奋斗、甘于奉献。

书中选取的人物只是数十万科技特派员中的一小部分。我们以科技特派员制度推行 20 周年总结会议上受到科技部表彰的部分人员为基础，适当增加了历年受到表彰的典型人物，同时兼顾了地域的分布。行之有效的推广模式和政策体系也不止一种。我们不奢求面面俱到，只希望能在本书中更立体地展示科技特派员制度推行以来取得的成就，助推科技特派员事业跃上新台阶。

需要特别指出的是，书中的部分人物报道附有采访视频，旨在让读者观看到更真实的影像。这些影像由记者从一线采撷，不加雕饰，沾泥土、带露珠、冒热气，鲜活地呈现人物风采。我们还为每篇文章配上了采访手记，从记者视角，力求将科技特派员的人格魅力和感染力传达给读者。

2020 年是脱贫攻坚决战决胜之年。中央要求，在防控疫情的同时，统筹抓好改革发展稳定各项工作，特别是要抓好涉及决胜全面建成小康社会、决战脱贫攻坚的重点任务，不能有缓一缓、等一等的思想。新时代实施乡村振兴战略、决战脱贫攻坚，必须改变过去围绕要素做文章的做法，要靠创新制度设计，走创新驱动之路。科技特派员制度必将获得更大的舞台。

今后，我们将更多着墨不驰于空想、不骛于虚声、“将论文写在祖国的大地上”的广大科技特派员，继续将更多科技特派员在一线的工作实况呈现给社会；我们将继续聚焦各地、各部门为营造良好制度和社会环境而出台的新举措，为更好地宣传科技特派员在科技扶贫和精准脱贫中的重要作用，贡献自己的一份力量。我们也热情期待更多研究者从多元视角去审视和考量科技特派员制度的历史意义。

我们相信，本书作为脱贫攻坚决战决胜之年的一份重要参考文献，必将成为传播科技特派员精神和经验的有效载体，同样也是乡村振兴的实录。

科技日报编写小组

目　录

综述篇

人物篇

创新 高擎技术火把 照亮乡村振兴

模式篇

评说篇

后 记

SUMMARY

综述篇

春华秋实二十余载　美丽田野绽放芳华

无尽艰苦、无数辛酸，远离繁华、难顾家人，
他们不以为意；
勤恳敬业、乐于助农，攻坚克难、永不退缩，
他们以苦为乐。
汗水和热血，献给心中的田间地头；
智慧与坚韧，赢得农民的交口称赞。
科技特派员，
用行动诠释了“科技工作者”名称的真正含义，
用岁月谱写出一曲服务“三农”的田野赞歌。

到农民最需要的地方去

（马爱平）

金秋，在云雾缭绕的梯田上，在挂满果实的果林中，农民们都可以看到熟悉的科技特派员的身影。

1999 年以来，数十万的科技工作者有了“科技特派员”这个光荣的称号，见证了一个个硕果累累的金秋。

春华秋实二十余载，美丽田野绽放芳华。

科技特派员制度凝聚着习近平总书记的亲切关怀和指导，是由习近平总书记总结提升的农村工作机制重大创新。

发轫　当好“一号特派员”

1999 年，科技工作者们有了一个新称谓——科技特派员，简称科特派。数十万的科技工作者开始与科技特派员的工作紧紧联系在一起。

2019 年 7 月 1 日，正在田间地头忙碌的福建省农业科学院教授级高级农艺师、驻南平市延平区溪后村科技特派员吴敬才，收到了一份特别的“礼物”：延平区委宣传部部长张嘉明转发的“七一祝福卡”——“致奋斗在脱贫战场上的你”。

彼时，作为福建省首位科特派，吴敬才与溪后村已结缘 20 年整。

20 世纪 90 年代中后期，南平作为闽北农业大市，其粗放型农业经济的发展陷入困境。雪上加霜的是，1998 年 6 月，这里又遭遇了一场百年不遇的特大洪灾，农业、农村受损严重。为破解闽北的“三农”发展难题，南平 3000 多名干部下基层，问计于民听心声。11 月底，当时的南平市领导来到溪后村驻村调研，村民们提意见说，“平时干部下乡，就像蜻蜓点水，沉不下来，也解决不了实际问题”。

于是，南平市决定选派农业科技人员下乡。1999 年 2 月，南平市选派了 225 名农业科技人员到农村开展科技服务，这些科技人员成为首批科技特派员。这就是我国科技特派员制度的发端。

刚从德国进修完回国的吴敬才被派驻到溪后村，帮农民解决农业科技方面的问题，他被乡亲们亲切地称为“一号特派员”。

2002 年，时任福建省省长的习近平同志到南平调研，对南平科技特派员的创新做法给予充分肯定。

同年，习近平同志在《求是》杂志上发表了《努力创新农村工作机制——福建省南平市向农村选派干部的调查与思考》。在文章中，他强调:“在我国社会主义市场经济体制已经确立的新形势下，如何探索和尽快形成一套适应农村市场经济发展要求的农村工作新机制? 这是各级党委、政府开创农村工作新局面必须解决好的一个重大理论和实践问题。”他对南平市向农村选派干部，即选派村党支部书记、科技特派员、乡镇流通助理的工作进行专题调研后，指出这一做法是“对市场经济条件下创新农村工作机制的有益探索，值得认真总结”。

自此，科技特派员制度迅速在福建省推广。

2002 年，科技部在总结福建南平科技特派员实践经验的基础上，在宁夏等西北五省区开展科技特派员试点工作。科技特派员制度从无到有，从福建走向了宁夏、陕西、甘肃、青海和新疆。

2004 年 12 月，科技部、人事部梳理了各省（区、市）[①] 以及新疆生产建设兵团的科技特派员经验和农村科技创业模式，出台了《关于开展科技特派员基层创业行动试点工作的若干意见》，在全国范围内开展实施科技特派员试点工作。

秣马厉兵，前行的脚步因信念而坚定。

当年的吴敬才怎么也不会想到，20 多年后，我国有数十万名科技特派员奋战在农业农村一线。他成了这数十万分之一。

“20 多年来，我一直在八闽农村开展科技服务，深切地感受到基层农民对于农业技术的渴求。我认识到，作为一名共产党员、一名农业科技工作者，就应该到群众最需要的地方去，践行科技惠农的初心和使命。”吴敬才说。

20 多年来，科技特派员制度的实施以服务“三农”为出发点和落脚点，以科技人才为主体，以科技成果为纽带，推动了各类要素的综合集成。

燎原　到农村广阔天地去

物换星移，长河不息，接力 20 多年，科技特派员制度走向了全国。

从加速科技成果在农村基层的转移转化到推动农村科技创新创业，从带动农民增收致富到为农村特色产业发展开辟广阔空间，从改善农村基层人才短缺局面到构建稳定服务“三农”的科技人才队伍，科技特派员不再是当年的科技特派员。

下姜村隶属于浙江省杭州市淳安县枫树岭镇，在浙西一直很有

① 本书数据不含我国港澳台地区。

名。过去出名，是因为“穷”。有这样一句民谣：“土墙房、半年粮，有女不嫁下姜郎。”现在的下姜村，依然有名：常被冠以“最美”“最富”这样的形容词。

说起下姜村的“翻身记”，村民们会不约而同提到习近平总书记。2003—2007 年，时任浙江省委书记的习近平同志多次来到下姜村实地考察，担当了下姜村脱贫致富的引路人。浙江省的科技特派员制度，正是他在浙江工作期间创立实施的。

2003 年 4 月，浙江省首批 100 名科技特派员踏上征程。他们来自浙江省农业科学院、浙江大学、中国水稻研究所等科研院所，平均年龄仅 38 岁。

浙江省中药研究所高级工程师俞旭平则是“特殊”的第 101 名。

缘何“特殊”？

2003 年 4 月 24 日上午，习近平同志在下姜村种茶大户姜德明家召开座谈会。有的村民说“缺人才”，有的说“缺资金”，还有的说“缺技术”。

“你们村有没有科技特派员？”习近平同志问。下姜村的老支书姜银祥摇了摇头。

“省里研究一下，给你们村派一个科技特派员来。”习近平同志说，“目前的‘三农’工作面临农业生产经营方式落后和农产品流通方式落后的制约。我们要用现代发展理念指导农业，抓住当前科技进步的机遇，建立现代生产要素流向农业的机制，着力转变农业增长方式。”

习近平同志当起了科技特派员工作的推广员。

在习近平同志的关怀下，俞旭平进驻下姜村。俞旭平在村里待了一个月，认为村里的低坑坞最适合种中药材黄栀子。于是，以前只长杂草、灌木的500亩低坑坞种上了黄栀子。两年后，村民们数着厚厚的钞票，发自内心地感到信服。

2005年3月22日，习近平同志又一次来到下姜村。他提出要看看黄栀子基地。

习近平同志来到地里，一边看黄栀子的长势，一边问俞旭平：“这个药材的品质如何？”“村民们学起来难不难？”“销售情况好不好？”……

知道每户农民通过药材种植每年能收入4000多元后，习近平同志拍了拍俞旭平的肩膀：“做得好！你有功啊！”

习近平同志对省里随行的同志说：“授之以鱼不如授之以渔。要不断完善特派员、指导员制度，真正做到重心下移。今后，驻村指导员，全省要做到每个村一个。”

不久，驻村指导员走进了浙江的3万多个农村。

一个个农村的“蝶变”体现了科技特派员为打赢脱贫攻坚战注入的深厚力量。

2009年5月，科技部等八部门制定《关于深入开展科技特派员农村科技创业行动的意见》；2012—2020年，科技特派员工作被7次写入中央一号文件；2016年5月，国务院办公厅印发《关于深入推行科技特派员制度的若干意见》，首次对科技特派员工作进行了顶层设计和谋篇布局。

可以说，科技特派员制度探索实践了一条人才强、科技强促进农业强、区域强的创新发展新路径，加速了科技成果在农村基层的转移转化，推动了农村科技创新创业。近2000家国家级星创天地和科技特派员工作站、农科驿站、专家大院、农业专业合作社等多元化农村科技服务平台，为科技特派员创业提供了强有力的支持。

科技特派员制度带动农民增收致富，为农村特色产业的发展开辟了广阔空间。截至 2019 年 10 月，科技特派员与全国 80% 的建档立卡贫困村建立了结对关系，成为科技助力脱贫攻坚的生力军。

科技特派员制度改善了农村基层人才短缺的局面，构建了一支稳定服务“三农”的科技人才队伍。科技特派员形式多样，既有“单兵”模式，也有“团队”模式，全国法人科技特派员超过 5 万家，科技特派团覆盖了“三区三州”各深度贫困县。

启航　新时代不负新使命

科技特派员制度实施 20 余年来，致力于脱贫攻坚、乡村振兴的信念已融入吴敬才、俞旭平这些科技特派员们的血液之中。

福建鼓浪屿的大海潮音，浙江千岛湖的水光山色，宁夏贺兰山的长风呼啸，河北太行山的千峰万仞，在新时代形成和声。

8 月是太行山一年中最美的时节。岗底村漫山遍野的苹果成熟了，葫芦峪矮化密植的核桃林格外壮观，如同打了胜仗的士兵等待向将军汇报，却再也等不来培养它们成材的人了。

那个人就是河北农业大学教授、“最美科技特派员”李保国。

2016 年 4 月 10 日凌晨 4 时，李保国因心脏病突发与世长辞，年仅 58 岁。他扎根山区 35 年，推广实用技术 36 项，取得研究成果 28 项；每年深入山区 200 多天，建成富岗苹果连锁基地 369 个，使山区增收 35.3 亿元；每年行程 4 万多千米，让 140 万亩荒山披绿；先后主讲 9 门课程，举办培训班 800 多次……

他是一颗精准扶贫的种子，在巍巍太行扎根生长；他是一把精准脱贫的火炬，点亮了山区脱贫的希望之光；他是一面精准脱贫的旗帜，引领着人们奋发前行。

习近平总书记对“时代楷模”“全国优秀共产党员”李保国的先进事迹作出重要批示，号召“广大党员、干部和教育、科技工作者要学习李保国同志心系群众、扎实苦干、奋发作为、无私奉献的高尚精神，自觉为人民服务、为人民造福，努力做出无愧于时代的业绩”。

习近平总书记一直心系“三农”工作。党的十八大以来，习近平总书记站在实现“两个一百年”奋斗目标的战略高度，着眼于全面建成小康社会的宏伟蓝图，把科技创新摆在国家发展的核心位置，对脱贫攻坚、乡村振兴的重视高度前所未有，提出一系列重大论断，作出一系列重大决策部署，对实施创新驱动战略、乡村振兴战略和打赢脱贫攻坚战指明了前进方向。习近平总书记还特别强调广大科技工作者要把论文写在祖国的大地上，把科技成果应用在实现现代化的伟大事业中。

中国枸杞看宁夏，头茬鲜果六月红。2019 年 6 月 18 日，在“枸杞之乡”宁夏中卫市中宁县，2019 年枸杞鲜果发售仪式在杞鑫苗木基地正式启动。提起中宁县杞鑫枸杞苗木专业合作社，杞乡人都知道这里“一苗难求”，培育的“宁杞 10 号”更是枸杞大家族的新成员，但鲜有人知它的创办者是以朱金忠为代表的 7 位科技特派员。

在宁夏，像朱金忠团队这样的法人科技特派员达到了 1500 家，科技特派员人数更是稳定在 3000 人以上。他们服务 30 万农户，带动了 9 万人就业，促进了 18 万农户增收，强有力地推动了宁夏现代农业的发展。

福建、浙江、河北、宁夏……如今，科技特派员制度在广大农村开花结果，科技特派员工作覆盖全国各县（市、区）。数十万科技特派员穿梭山林、躬耕乡野，带动超过 1010 万户农民增收。

目前，科技特派员工作进入全新发展阶段，科技特派员成为新时代乡村振兴的重要生力军。科技特派员制度正为乡村振兴注动力添活力，是对创新驱动乡村振兴的探索和实践。

“科技特派员就是把科学技术从书本带到实践中，把论文写在大地上，实实在在为振兴乡村做贡献。”中国工程院院士王浩说。

高位嫁接、重心下移，科技特派员一头连接科技创新，一头连接生产实践。截至 2019 年，全国科技特派员已领办创办 1.15 万家企业或合作社，直接服务 6500 万农民，平均每年转化示范 2.62 万项先进适用技术。

咬住青山不放松，盯紧乡村发展人才短板，科技特派员制度为有志于在农村创新创业的科研人员疏通了深入基层一线的“毛细血管”。科技特派员队伍中，58% 是高校和科研院所的科研人员，33% 是基层农技人员和乡土人才，9% 是龙头企业的技术骨干。

实践证明，科技特派员是为农民传经送宝、带去科技知识、助力振兴农业产业和乡村经济的使者。

20 年多来，科技特派员成为党的“三农”政策的宣传队、农业科技的传播者、科技创新创业的领头羊和乡村脱贫致富的带头人。科技特派员制度在助力打赢脱贫攻坚战、推动乡村振兴发展的过程中焕发出勃勃生机，把科技的旗帜插遍祖国的县域和乡村。

农业农村的绚丽画卷日新月异，科技特派员为“农”、为“科”、为“派”的初心始终不变。科技部表示，将深入推行科技特派员制度，继续加大科技特派员选派力度，鼓励和支持科技人员到县域开展科技服务和创新创业，建立和完善农业科技社会化服务体系，打通农业技术成果转移转化的“最后一公里”，推动农村绿色生产新技术、新产品的应用。

2020 年是全面建成小康社会目标实现之年，是全面打赢脱贫攻坚战收官之年。不忘初心、牢记使命，科技特派员再启航。数十万的科技特派员们将继续行走在这片希望的土地上，播撒更多科技的种子，在新时代的答卷上写下更多动人的中国故事。

TYPICAL CHARACTERS

人物篇

奉献　坚守　务实　创新

特有范儿

科技特派员在行动

奉　献

数十年如一日 薪有尽而火传

倾情帮扶在地头，山乡脱贫换新颜。

他们的功绩被村民传扬，他们的名字被乡亲念诵。

这是一群兴农富乡的科技筑梦人。

是老师，手把手教；也是战友，肩并肩上；

付出了质朴的爱，带着农民共致富；

传承了科技的魂，领着乡亲奔小康。

谢福鑫

谢福鑫在修剪葡萄枝（桑凤凤　摄）

- 福建南平市农业局的科技干部，中国最早的一批科技特派员之一。从 20 世纪 80 年代起开始在福建推广巨峰葡萄，从无到有拉起一个地方优势产业，带动农民增收致富。20 余年来，当了10期科特派——8期“正规军”、2 期“志愿军”。

- 先后获得农业部科学技术进步奖二等奖、福建省五一劳动奖章等奖项。2019 年 10 月，在科技特派员制度推行 20 周年总结会议上受到科技部通报表扬。2019 年 12 月被评为“全国离退休干部先进个人”。

手有茧，裤沾泥，一心扑在葡萄地

——记福建省科技特派员谢福鑫

（高　博）

十根指头像山药，指甲像硬币。手又宽又厚，没一处嫩皮，关节上有老茧。手的主人，有一张风吹日晒的方脸、一双热情坚强的眼睛和一副洪亮的嗓音。

年过七旬的谢福鑫，是中国最早的一批科技特派员之一。近40年来，闽北山区从无到有地大面积种植葡萄，上万农户靠葡萄脱贫，他立下了头功。他说："能为农民做点事，我就很快乐。"

1999年2月，福建南平市通过政府选派、双向选择，启动科技特派员驻村服务试点，首批225名科技人员下派进驻215个村。此举为全国科技特派员制度开了先河，该制度随后从地方实践上升为国家制度安排。首批科特派中就包括谢福鑫，他是其中年龄最大的一位。

每年进村指导至少100天

福建南平市建阳区的乡间，常见连片的白色塑料棚，那是给葡萄遮雨的拱棚。谢福鑫走在村里，常听人招呼："谢老师，进家里喝点茶吧？"

大家都认识谢福鑫。因为他每年进村指导至少100天，福建南平市10个县（市、区），他早已跑遍。离家几十千米的地方，他骑车去；再远一点，就坐乡村班车。

谢福鑫有三件宝：单车、干粮、工具包。他常说："单车好，田间小路随便跑；干粮好，吃饭应酬省掉了；背着工具包，随时随地做指导。"

下乡常靠自行车（谢福鑫　供图）

谢福鑫的工具包是个黑色旧挎包，很沉，里面除了要发给农民的技术资料、果树剪刀和干粮，还有毛巾牙刷，以备在农户家过夜。

谢福鑫还会带一根防水记号笔。下乡做技术指导时，如遇到种植户的地里没人，他就在塑料薄膜条上写上几句话，附上自己的电话号码，系在果树枝条上——"雨水太多叶子发黄，注意排水""尿素用多了，快浇水压肥""有黑痘病了，赶紧打药"，等等。

"课堂在田头，讲稿在枝头"，谢福鑫写的东西，农民一看就懂。他还发明了一些土办法。福建雨水多，他教农民用当地的毛竹片和塑料膜搭建简易避雨棚，解决了葡萄叶子一淋雨就容易生病的大难题。

“有很多商家推广苗木，但种葡萄很复杂，光有良种没有技术指导，我们种不好。”一位葡萄种植户说，“比如霜霉病喷药，如果只喷叶面不喷叶背，就白花钱。谢老师从头到尾，手把手教，让我们学会自己应对基本病害。”

谢福鑫的电话是当地果农的“求助热线”。他跟农民讲：“有问题赶紧打电话。”他的徒弟、当地葡萄种植能手朱坤华说：“谢老师吃饭的时候常有电话打来。他放下饭碗一讲就是半个小时，直到对方完全听懂为止。”

谢福鑫家里堆着一摞摞纸。他不用电脑，也不会打字，全是手写出来，再复印上千份发给需要的农户。打开一张，是当地各月采收上市的水果表：“1～4月，草莓；5～6月，枇杷、桑葚；7～8月，葡萄；9～12月，柑橘”；另一张写着果树的栽培要诀：“葡萄采果后‘三个一’——下一次肥、浇一次水、喷一次药”，字迹遒劲又工整。一张张A4纸上，没有废话，全是给农民看的“干货”。谢福鑫走到哪里，“干货”就免费发到哪里。

种葡萄摔断腿

谢福鑫1943年生在佃农家。大姐当童养媳，大哥下南洋做童工，二姐三姐都饿死了。

“我父亲到处卖苦力，还是养不活一家几口。”谢福鑫说，“直到新中国成立后，我们家分到了田，才吃上大米饭，我才能读书。所以我感恩共产党。”

从南平农校毕业后，谢福鑫被分配到良种场当技术员，也给农业学校代课。“文革”开始后，没人上课干活，闲不住的谢福鑫在学校的几亩教学试验田里种了稻子，收成都交给学校作为学生的补贴粮。

1977 年，谢福鑫偶然得知当地的教堂有一株挂果的绿葡萄。葡萄是干旱地区的植物，福建本地的野葡萄又小又酸，许多人想将北方的大粒葡萄引种到福建，但都失败了。谢福鑫大感兴趣，去引了一株苗，结果这株苗结出了大家都没见过的大葡萄。

一晃到了 1982 年，我国的福建省和日本的长崎县缔结友好省县关系。福建省领导得知气候与福建相似的长崎县种着一种巨峰葡萄，决定派人学习引种。“巨峰葡萄是日本育种家几十年的心血结晶，”谢福鑫说，“不同于我国普遍种植的欧亚种，巨峰是欧亚种和美洲种的杂交品种，更耐潮湿。”有种植葡萄经验的谢福鑫被选派赴日学习。

一年后他带着种苗回到建阳；再过了一年，巨峰葡萄在福建首次结果。但推广巨峰葡萄的种植并不容易。

“祖祖辈辈种水稻，从没听说种葡萄的。这种葡萄难伺候，能种好吗？”农民嘀咕。

“农民不爱听大道理，要眼见为实。我得自己先种好。”谢福鑫腾出自己房前屋后所有的空余地方，杂物间的屋顶也被堆上了土，都种上了葡萄。他舍不得丢弃引进的任何一个品种。

有一次，谢福鑫爬上屋顶给葡萄打药。药液向上一喷，洒进了他的眼睛里。谢福鑫本能地一退，一脚踩空，跌了下去。“没怎么感觉痛，就是半天爬不起来，腿不听使唤了。”谢福鑫说，直到邻居路过，他才被送到医院，原来大腿骨摔断了。

后来，谢福鑫决定在住处旁造一块试验田。那是一片河滩地，谢福鑫趁着水位低时“精卫填海”，用石头一块块垒成堤坝，再填土。白天没空，就夜里加班干。他的葡萄品种园就这样一点一点填好了。

武夷山断穷根

地处武夷山区的南平市既是福建重要产粮地，又是福建离海最远的偏僻地区。20 世纪 90 年代，南平“三农”难题突显：农业经济结构单一，大田作物卖不出价钱，农民增收找不到门路，农村矛盾加剧。1998 年“6·22”特大洪灾致使南平市 230 万人受灾，直接经济损失近 75 亿元，农业生产遭受毁灭性打击。

为走出困境，南平市领导多次深入调研，组织干部驻村，问计于民，发现矛盾主要来自农业科技服务缺位、机制不活，农民对科技的需求无法得到满足。为此，南平市委、市政府决定，化解“三农”矛盾，先从科技破题。

1999 年 2 月 26 日，南平市委、市政府派遣首批 225 名科技工作者奔赴 215 个行政村，科技进村，振兴闽北。

科特派行动给了谢福鑫大显身手的舞台。他联系南平市的农业服务部门、单位，成立了科特派葡萄产业服务组，为果农提供全流程帮扶。不久后，他被大家推选为当地葡萄合作社的带头人。20 多年来，科特派组织在谢福鑫等人的带领下，将食用酒用、早熟晚熟的各大葡萄品种都引进闽北，多途径开发葡萄园。

考亭村是建阳西郊的一个山村，环境一度十分脏乱差。谢福鑫的到来改变了这个村子的样貌。1985 年，考亭村对 570 株巨峰葡萄进行了穗条、扩繁定植。21 世纪以来，考亭村 95% 以上的农户都种植了葡萄，十里葡萄长廊 2000 多亩，葡萄节每年都能吸引成千上万名游客。考亭村因农民富、生态美，被誉为“福建葡萄第一村”。

考亭村的黄家绍本是水稻种植能手。因为大田作物卖不上价，他外出打工，家里的田地都荒废了。听说谢福鑫驻村当科特派，老黄返回了家乡，“选苗育苗种植，水渠和水电路设计，谢老师都手把手教我。”

谢福鑫趁劳动间隙简单地用餐（桑凤凤　摄）

建阳区仁山村曾是省级贫困村。2003 年，在谢福鑫等科技特派员的帮扶下，葡萄架成片建起，村民年均增收三四千元，全村年均增收 200 多万元。仁山村在 2017 年成功摘掉了“贫困帽”。种植户都说：“一亩葡萄等于十亩田，在家种葡萄也能赚大钱，感谢科技特派员这个好制度。”

这些都是闽北农村脱胎换骨的例子。

近十年来，南平市集体收入 10 万元以上的村镇数量每年以 10% 左右的速度增长。科技特派员们在农村举办各类培训 12.8 万场，参训农民达 675 万人次。

科技特派员到了农村，有效引导各种资源和工作重点移向农村，改变了传统的蜻蜓点水式的支农工作，同时又高位嫁接，吸取城市文明中的优秀成果，转变农民的思想观念，推动农村移风易俗，传播现代文明。科技特派员涵养了向上向善的精神土壤，成为乡村善治的牵引力，使昔日许多“问题村”改变了面貌。截至 2019 年，南平市创建全国文明村镇 9 个、省级文明村镇 56 个，科技特派员功不可没。

像谢福鑫一样，南平市近万人次的科技特派员奔赴农村一线，遍布各行政村。在科技特派员的帮助下，南平形成了茶叶、水果、蔬菜、食用菌等特色现代农业产业，奠定了农业大市的基础。

最像农民的干部

谢福鑫不辞辛劳地为农民谋福利，当地人都很佩服他。他得了一个绰号，叫“真正的布尔什维克”。有人还写了首《赞谢福鑫》:“心系葡萄三十载，教授技术众人夸，鉴湖品种传佳话，平凡人生写年华。”

谢福鑫看到返乡农民工越来越多，他心里很高兴，经常念叨:“人在家门口，天天干点活，月月有收获，赚钱养家庭，家和万事兴，乡村就振兴。”

2003 年，谢福鑫到龄退休。组织问他有什么要求，他说:“我想继续做义务的科特派。”于是他退而不休，工作丝毫没变。如今，他服务的闽北地区已种植葡萄近 7 万亩，产值 6 亿多元。

2019 年 10 月，科技特派员制度推行 20 周年总结会议在北京召开，谢福鑫作为福建省优秀科技特派员代表受到表彰。

谢福鑫笑着说:“别人唱歌跳舞打牌喝酒钓鱼，我一样也不玩。我没有别的爱好，就是爱‘玩泥巴’。”他是有编制的农业干部，但他说自己一坐办公室就头晕，下到地里心里才痛快。

谢福鑫在田里戴着草帽，穿着迷彩服，踩着一双橡胶雨靴。平常出门时，他脚蹬旧凉鞋，裤子上沾着土，毛衣掩不住衬衣下摆，怎么看都像个老农民。

谢福鑫在果树试验田（桑凤凤 摄）

在“填海”填出来的品种园里，谢福鑫种植了160多个葡萄品种，藤蔓上拴的木牌上写着品种名：京亚、夏黑、巨玫瑰、紫珍香、美人指……园子里种着各色花卉，还种了柑橘、柠檬、草莓、枇杷、桑葚、百香果等果树，以及山里移栽来的野果树；阴凉处还有食用菌。谢福鑫说他是“种给农民看，请农民来品尝，让农民跟着干”。

这几年，谢福鑫因尿道结石动了4次手术，不能像过去那样骑车下乡。但他闲不住，依然起早贪黑地在品种园里干活。“能为农民做点事，我就很快乐。”他说，“我现在每一天都当最后一天过，如果要倒下，我希望倒在葡萄园里。”

> 采访手记

谢福鑫最开心的事，是在他手把手的示范和下地指导下，农民引种葡萄成功，半年时间葡萄园内就郁郁葱葱、生机盎然。每年七八月，沉甸甸的新品种葡萄下架，被省内外客商抢购一空。

农民数着钞票，眉开眼笑。他感觉自己比农民还高兴。

有一阵雨下得多，谢福鑫发现附近不少农户的葡萄叶发黄，还有些植株出现病害迹象。这是他最挂念的事，让他夜里睡不踏实。那一阵，他天天骑车去各专业村[①]里跟农民碰头，让大家设法排涝，打合适的药。他还劝说没有遮雨棚的种植户赶紧架起遮雨棚。他担心农民种不好葡萄，丧失了信心和来之不易的机会。

自1999年南平施行科技特派员制度以来，涌现出一大批谢福鑫这样心系农民、扎根基层的先进典型。依托日益成熟的机制，南平的农业科技转化越发高效、深入。科特派的汗水，已化作果园、茶山和竹林里的滴滴露珠，滋养着武夷山下的这片沃土。

① 指以商品生产为特征，以行政村为单位，多数农户都专门经营一种或一类产品的松散性集体。

李保国

李保国在修剪核桃树（谷占元　摄）

● 李保国（1958 年 2 月—2016 年 4 月），河北农业大学教授、博士生导师。自 1981 年大学毕业走进太行山，30 余年如一日，将太行山区生态治理和带领群众脱贫奔小康作为毕生追求，每年深入基层 200 多天，让 140 万亩荒山披绿，带领 10 万农民脱贫致富。

● 2007 年，被河北省科技厅聘为邢台市和承德市科技特派员，2009 年被科技部授予“全国优秀科技特派员”称号。

● 因常年高强度的工作积劳成疾，2016 年 4 月 10 日凌晨突发心脏病，经抢救无效去世，时年 58 岁。后被追授“全国优秀共产党员”“时代楷模”“全国优秀教师”等荣誉称号。

一生只为将农民从贫困中解放出来

——追记“太行山的儿子”李保国

（马爱平）

太行山的 4 月，草正绿，花刚开，正是一年中最美的时节。天淅淅沥沥下着小雨，仿佛悲泣的母亲在哀悼着自己的儿子。

岗底村漫山遍野的苹果花开了。每年到了疏花疏果的关键时期，这里都会出现李保国的身影。如今，苹果花依旧绽放，唯独不见故人来。

葫芦峪矮化密植核桃林绿了，如今的叶子格外俊俏，如同打了胜仗的士兵等待将军的夸奖，却再也等不来培养它们成材的那个人了。

李保国，走了。

“太行山的儿子”走了

2016 年 4 月 10 日，河北农业科技人员的朋友圈被一则悲痛的消息刷屏——当天凌晨 4 时，58 岁的“老山人”、河北农业大学教授、博士生导师李保国突发心脏病，离去了。

“我脑海浮现的都是您的身影，我最最尊敬的导师安息吧，虽然我内心有满满的不舍，但您终于可以休息了，以这种我们难以接受的方式！”这是李保国的博士生孙萌在朋友圈发的文，她一次次从梦中惊醒，以为老师的离去只是一场噩梦。

噩耗来临之前，一切都一如往常。

2016 年 4 月 8 日晚 9 时，在李保国所带的研究生的微信群“桃李之家”里，“老山人”（李保国的微信名）回复道：“娇娇的树是一年生枝条上的大绿浮尘子产卵造成的冻害。”娇娇是他带的研究生，没想到，这是他给学生们发来的最后一条信息。

2016 年 4 月 9 日晚 9 时，李保国跟南和县“中国树莓谷”产业园负责人周岱燕电话沟通建树莓采摘园的事情。没想到，这是他打的最后一通电话。

2016 年 4 月 9 日，周六，李保国上午验收科技项目，下午参加果树节水灌溉项目会议。“下周一、周二给本科生上课，周三去青龙，周四去滦县……”他向同是河北农业大学老师的妻子、他的好帮手郭素萍交代道。没想到，这是他最后一次细数自己的行程安排。

“老婆、儿子，我爱你们，但是我顾不上你们，对不起。”李保国曾这样对家人表达愧疚之情。

像父亲一样的“老头”（李保国的学生们对他的昵称）走了。孙萌每天要在“网祭李保国教授”（河北日报官方微信公众号制作的 H5 专题页面）上哀悼导师。李保国走后一周，有 286 419 人在网页上点亮烛光，为他送行。

浆水村的村民不知如何在网上点亮烛光。2016 年 4 月 12 日，他们早早从家里出发，赶了 300 多千米的路，来参加在保定殡仪馆举行的李保国遗体告别仪式。“山里交通不便，能上高速、出远门的车都来了，大家拼了命也要挤上车。”这一天，从全国各地赶来的农民有 2000 多人。

更多的农民，在临城县、内丘县、平山县、阜平县、唐县等地，自发设置灵堂为李保国守灵。

在遗体告别仪式上，从全国各地赶来的60多名李保国的硕士生、博士生，齐齐跪倒在“老头”的遗体前痛哭，送他最后一程。

2016年4月12日，河北省委追授李保国为“全省优秀共产党员”。

农民不会忘记

2016年4月11日，内丘县岗底村村民活动中心哀乐低回。600多名村民红着眼睛，低声抽泣，缅怀李保国。

1996年，岗底村被暴雨“洗劫”，科技救灾团成员李保国从那时起就与岗底村结缘。李保国创立了128道苹果生产管理工序，把它印成“明白纸”，让村民像工人生产标准件一样种植苹果。岗底村如今已成了太行山上的富裕村，“富岗”苹果年产量超过1亿公斤，7万多名村民走上了致富路。

“我们不能忘记，我们的粮屯里、腰包里，都渗透着您的心血和汗水；您给了村民‘金刚钻’，为岗底人技术服务八百里太行，吃上了科技饭；您一生惦记的是岗底人，唯独没有您自己。”李保国的好友、岗底村党总支书记杨双牛说，李老师每年在山里务农200多天、扎根岗底村20年种果树的情景还历历在目。

“吴刚移了太行一棵树，种在月宫桂树旁。天上的三天，人间的三年。为了天上那棵树，请走了保国，可苦了太行，愁了富岗……”杨双牛只能以这样的诗安慰自己悲痛的内心。

“兄弟，我要给你树一座丰碑，建一个纪念馆。”刘海涛也难掩悲伤。2007年，事业有成的刘海涛拿出了2亿元的身家，希望改造葫芦峪荒山、造福家乡，却因缺乏技术看不到希望。李保国帮他重新规划，建议拔掉实生苗，购买优良品种，进行科学管理，最终把“山水林田路”综合治理技术做成了标准化模块。如今，昔日的荒山建起了现代化的农业产业园区，成了太行山的“金腰带”。

想念他的农民还有很多。

李保国把农民当兄弟，农民也敬他爱他。王风琴在岗底村负责为他做饭：“李老师最爱喝我熬的小米粥，真想再看着他开心地喝粥。”“李老师啥时候来俺们村啊？”李保国离去后，一些尚不知噩耗的农民兄弟还在一遍遍拨打着电话。

做“太行新愚公”

“李老师的工作足迹遍布河北邯郸、邢台、石家庄的山区及衡水、沧州、廊坊的部分平原地区。”跟随李保国工作了20多年的助手、河北农业大学教授齐国辉说。

30年前的“太行山道路”① 激励了他，也哺育了他，他传承了这样的精神，做“太行新愚公”，把论文和成果写在太行山上，镌刻在人民的心中。几十年来，他完成山区开发研究28项，推广实用技术36项；举办培训班800余次，培训9万余人；建立了板栗集约栽培、无公害苹果栽培、绿色核桃栽培等技术体系，培育出“富岗苹果”“绿岭核桃”等多个知名品牌……

李保国的一生仅有58个年头。他一辈子就想“把我变成农民，把农民变成我”——他做到了。

① 河北农业大学围绕河北全省特别是太行山区农业和农村经济发展中的关键问题，开展人才培养、科学研究，进行成果转化、技术推广，推动了山区农业科技进步和经济的发展。1986年，这一开发研究工作受到国务院表彰，被国家科委誉为“太行山道路”。

李保国（中）在相关企业指导核桃加工（河北农业大学党委宣传部　供图）

曾经有人走访乡村，问果农：“技术专家你们认识谁？”从涉县到赞皇县，20 多个村子，回答几乎都一样：“李保国。”

李保国就是有这么大的名气，而这背后却是我们难以想象的付出。

在他手机里，有 900 多个电话号码，农民占到了三分之一。“他的手机 24 小时开机，只要是农民打电话，就马上解答；如果电话里不能解决，就到现场去，从不图回报。”齐国辉说。

稀疏的头发打着卷儿，皱巴巴的裤腿沾满泥，他总是一身农民下地的打扮。

“不管有多大能耐，农民不认可，技术传授就会打折扣。”走在田埂上，无论是谁家的果园种植不规范，“兄弟，这样种不对啊”，他就开始讲解。岗底村 200 多户农民，谁家有多少果树，他比村民还清楚。

“2003 年春节后，我跟随老师在岗底村实习，村里下过大雨，生活用水都得从山下养猪场提上来，天很冷，晚上不敢脱衣服睡，但老师毫不退缩，我们就跟着坚持下来了。”李保国的博士生、科研助手张雪梅回忆道。

爱学生如子女

在李保国的心里，与农民同等重要的，还有学生。

“从工作到生活，从交学费到帮买房，我们这些学生的大小事情都得到老师的关心。他不仅是导师、是朋友，更像是我们的父亲。”张雪梅说。

李保国先后为本科生、研究生主讲 9 门课程，超额完成了教学工作。“不管在哪儿，只要学生有课，老师都会赶回来。白天要上山下地，老师晚上才有时间修改论文，每天都工作到凌晨。2016 年 1 月 14 日，老师是凌晨 4 点 36 分给我发的邮件。没日没夜地工作，老师的身体严重透支了。”孙萌说。

2016 年 4 月 10 日 6 点 48 分，李保国的弟子群里出现一条消息：“各位师弟师妹，李老师凌晨因心脏病突发与世长辞了。”

“我立刻给大师姐打电话，听到她的哭声，知道是真的了，可还是不禁要问：怎么可能呢？我感到四肢无力，两手发抖，一边哭一边给师兄弟打电话，好多人都开始拼命往保定赶，可是再也赶不上了。那天，大部分弟子都赶到了老师家，大家抱头痛哭，无法接受这个残酷的事实……”孙萌说，除了在国外的弟子，李保国的 60 多个硕士、博士研究生全都回来了，为他们心中像父亲一样的导师奔丧。

李保国的儿子李东齐说，一年到头都见不到父亲几面——他太忙了。“来不及孝顺父亲，父亲就匆忙地走了，感觉像做梦一样，已是阴阳两隔。”

“春蚕到死丝方尽，蜡炬成灰泪始干”，李保国把光和热全数给了乡亲和学生。

“你的爱完美无瑕”

李保国的“档期”总是满的。

“老师开展的核桃春季枝接试验，从成活率0到现在的85%以上，从核桃平均亩产50斤到现在的400斤以上，从稀植大冠到现在的矮化密植，掀起了核桃产业的一场革命。”张雪梅说。

李保国（右三）在农村开展技术培训指导农民修剪核桃树（谷占元　摄）

这些年，李保国“泡”过的地方都发生了巨变。

邢台市前南峪村的荒山秃岭变成了“太行山最绿的地方”之一；内丘县岗底村从人均年收入不足 80 元变成了 3.1 万元；临城县凤凰岭的“乱石岗”变成了山清水秀的“花果山”……

然而，在长期的高负荷工作下，李保国还要自己开车四处奔波，身体健康告急。2007 年，他被查出患有心脏病。“我这个岁数，心脏病不好治，没什么可害怕的，我觉得跑一跑更舒服。”他说。

“保国有心脏病，一爬高就容易憋气，嘴唇发紫，你别看他上山下岭的，一回家，连上楼的劲儿都没有，包都拎不动。”妻子郭素萍心疼他，却拗不过他。

2016 年 3 月 3 日，平山，指导红树莓种植；3 月 4 日，石家庄，参加学术讨论；3 月 5 日，唐县，帮村民修剪核桃；3 月 6 日，保定—沧州—徐州—保定，一天之内在 3 个地方奔波；4 月 2 日，邢台—前南峪；4 月 3 日，邢台—南和；4 月 4 日，邢台—保定……

在生命最后的两个月里，李保国干得多，却反常地吃得少。那段时间瘦了 10 多斤的他，每日仅能咽下咸菜和馒头，沾不得荤腥——不堪重负的身体，其实已经一遍遍敲响了警钟。

有人问，“你跟农民不沾亲带故，不图麸子白面，为什么这么拼命？”

“我见不得穷。”他说，“我是科技工作者，要考虑怎么把农民从贫困中解放出来。”他为了这样一个质朴的愿望，奉献了一生。

“天之大，你的爱完美无瑕。”这是李保国的农民兄弟、学生、家人对他发出的心声。

> 采访手记

2016 年 4 月 10 日凌晨 4 时，河北农业大学教授、博士生导师李保国因心脏病突发与世长辞，年仅58岁。

听到这个沉痛的消息，我第一时间奔赴李保国工作和奋斗过的热土，采访他的事迹。因为他的亲友太过悲痛，采访几乎难以进行。这次采访、写作的过程，让我的心灵一次次受到了深深的震撼。

李保国的一生仅有58个年头，完成的工作量却超乎常人。

我常常在想，究竟是什么力量支撑着他？或许，就是那份对太行山热土深沉的爱吧。

他爱农民如兄弟，他爱学生如子女，他爱事业如生命。

未开发治理的大山，未完成的红树莓事业，未脱贫的农民，未毕业的研究生，未长大的小孙子……这些是他这辈子最牵挂的，纵然有千般不舍，他还是撒手而去了。

弟子要学着独立，农民兄弟要成为像他一样的人，同事们要矢志不渝完成他的遗志。

人固有一死，或重于泰山，或轻于鸿毛。李保国是为人民利益而死的，“俯首甘为孺子牛”的品质重于泰山。

在李保国身上，有着把责任扛在肩上，为党和人民的事业献出全部心血的忠诚品格；饱含让山岭都绿起来、让乡亲们都富起来的为民情怀；富有大胆探索、用科技之手点石成金的创新意识；拥有把最好的论文写在巍巍太行山上、镌刻在山区人民心中的务实作风；持有生命不息、奋斗不止的拼命干劲；蕴含淡泊名利、坦荡无私的人格风范。

李保国，是党的儿子，是人民的儿子，是太行山的儿子。

关慧明

关慧明在示范基地为农民讲解补光技术（张日高　摄）

- 达斡尔族，推广研究员，内蒙古自治区乌兰察布市科技特派员，享受国务院特殊津贴。
- 乌兰察布冷凉蔬菜院士工作站蔬菜专家，推广新品种新技术 100 万亩。研发的 GC16 系列生态制剂为我国绿色病虫防治做出了贡献。提出的冷凉蔬菜发展战略被科技部和内蒙古自治区列入“十三五”发展规划项目。他提出的结合理论与实践、带领农民致富的新模式被称为“关慧明模式”，由科技部在全国组织宣讲。
- 2019 年 10 月，在科技特派员制度推行 20 周年总结会议上受到科技部通报表扬。

叩头拜佛不如弯腰求士

——记蔬菜产业杰出人物关慧明

（张景阳）

2019 年 8 月，农业农村部有关部门在乌兰察布市冷凉蔬菜院士工作站召开了全国蔬菜智能化精细生产技术与装备现场演示会。站内智能温控室里升降式、旋转式水肥一体化自动控制床上长着一畦畦青葱碧绿的菜秧；大片格状的科技示范田里，甘蓝、洋葱、胡萝卜、西蓝花（俗称西兰花）、架豆角等蔬菜各显风采，与会者都惊叹：这里太美了，简直是一片神奇的蔬菜天堂！

在中国农业科学院方智远院士的支持下，关慧明成立了这个冷凉蔬菜院士工作站。他热爱蔬菜事业，蔬菜也给了这位进取者丰厚的回报。凭借 30 多年的实践探索，关慧明和他的团队先后获得自主知识产权新品种 3 个、国家级科研成果 2 项、发明专利 5 项。在农业技术推广中，他获得了多项荣誉：自治区深入工农牧业生产第一线做出突出贡献科技人员、自治区劳模、自治区有突出贡献中青年专家、自治区十佳科技特派员、全国优秀科技特派员；联合国计划开发署两次授予他“中国农村科技扶贫创新和长效机制探索项目省级优秀科技特派员”荣誉称号。

主动请缨到最艰苦的地区蹲点服务

光环与荣誉的背后，是无数的艰辛与汗水。

1985 年，由于体制的原因，科技人员和农村经济之间没有紧密的责任关系，他们下乡也没有足够的经费，所以科研和生产严重脱节，大部分大学生毕业后都是坐在办公室里写写论文、评个职称。

“大学生决不能坐在办公室里无所作为。特别是面对农民一次次的电话、蔬菜大棚里一个个解决不了的难题，我想：叩头拜佛，不如弯腰求土。”20 世纪 90 年代初，在“科技兴农”的热潮中，关慧明主动请缨到内蒙古清水河县杨家窑乡条件最艰苦的高家山村蹲点服务，向村民推广丰产沟和地膜覆盖等新技术，手把手教农民利用新技术种马铃薯和玉米。

收获的季节，关慧明的技术取得了实效：100 多亩丰产沟马铃薯亩产 6000 多斤，200 多亩旱地覆膜玉米亩产 1400 多斤。从未见过一亩地能产出这么多粮食的农民感叹道：“科学种田真让咱开了眼界！”

正当关慧明欣慰自己所学的专业在农村派上用场时，行政事业单位办实体的浪潮波及了他所在的单位（时称乌兰察布市科委）。有关负责人建议关慧明到机关办的实体当管理员，为单位创收。但对关慧明来说，离开了农民，无异于鱼离开了水。他态度坚决：宁愿不要工资，吃清水煮白菜，也要下乡为农民服务。

关慧明深知，那一户户渴盼依靠科技脱贫的村民是多么需要他。离开了单位，没了工资，更没了组织的支持，但他并未动摇初心，决定从一名个体农业科技推广者重新做起。他对自己的技术有底气，要给这些技术找到用武之地。

乌兰察布市察哈尔右翼前旗罗家村是国家级贫困村，全村 57 户人家，家家靠种几亩薄田度日。关慧明到村里走访后，发现村边有一条浅浅的河，河的两岸是乱石滩，填平以后可以利用河水种菜。征得同意后，他带着几户村民到村外拉来泥土铺在石滩上，不到半年时间，就在河边建起了 4 栋半亩大小的大棚温室，温室里种有黄瓜、西红柿、茄子、青椒等，一栋温室当年就实现收入 4700 元。

增收的故事最有号召力。第二年，罗家村全村大棚温室发展到了 43 栋，村民刘三毛一家就建了 3 栋，年收入 1.2 万元。1994—1996 年，全村建大棚温室的 20 多户贫困户靠种菜盖起了新房，有 10 户人家买了摩托车和小四轮。

“大棚丰收了，我特别高兴。”关慧明说。

关慧明（右一）在设施大棚内查看出苗情况（张日高　摄）

每年组织抢救受损蔬菜作物 10 余万亩

2003 年，乌兰察布推行科技特派员制度，关慧明成了首批科特派之一。他善于开拓、勇于担当，率先在乌兰察布引进黄皮洋葱新品种，摸索出一整套适用于当地的洋葱栽培技术，使数万亩洋葱实现亩产万斤以上。

关慧明从外地引进金瓜、甘蓝、礼品西瓜等蔬果在全市推广种植。在温室建设方面，他研发推广了温室前屋面 46 度角的新型设计，将温室温度提高了 10℃，在冬季，即使不加温，温室依靠阳光仍可种植各类蔬果。

除了在农业设施上的创新，在治疗病虫害方面，关慧明也有一双“妙手”。他研发的 3 个带有自主知识产权的新农药配方具有无毒、无公害、灭虫效果好的特性。2000 年，内蒙古正丰公司种植的马铃薯脱毒种薯的幼苗发生了“斑潜蝇”虫害。这种虫子潜伏在作物的叶肉里，很难防治，国内多名专家、博士“会诊”，尝试采用多种农药防治，均无效果。关慧明得知后，带去研发的农药制剂，喷施后彻底消灭了“斑潜蝇”虫害。

2000 年，乌兰察布市集宁区马莲渠乡霸王河村 400 多栋温室里的黄瓜秧突然打蔫泛黄，有着多年蔬菜种植经验的菜农们用尽了各种办法都无济于事。当时在该村蹲点的干部拉上关慧明奔赴现场，查找原因。在确定是“斑潜蝇”虫害后，关慧明组织科技人员连夜加工了 400 份药物制剂，送到菜农手上。一周后，奄奄一息的瓜秧重获新生，又昂起了头，身姿挺拔。

2008 年，江西等多省的蔬菜作物发生大面积虫灾。关慧明通过科技部把自己的发明成果无偿提供给虫灾地区，使虫害得到了有效的控制。2009 年年初，关慧明作为国家科技部专家组成员，深入四川汶川地震灾区指导，帮助灾民恢复农业生产，他向灾民赠送的新型农药制剂受到农民的好评。

每年关慧明团队组织抢救的因重大自然灾害及多种病虫害而造成损失的蔬菜作物达 10 余万亩，每亩为种植户挽回损失千元以上。

足迹遍布上千个冷凉蔬菜生产基地

从 1985 年起，30 多个寒暑春秋，关慧明坚守在乡村，矢志不渝地在基层搞科技服务。乌兰察布上万栋大棚温室，几乎每一栋都留有他的身影；上千个冷凉蔬菜生产基地，几乎每一亩都印有他的足迹。

成千上万的菜农在他的帮助下，走上了致富路；成百上千的蔬菜种植专业户在他的指导下，改变传统种植模式、调整结构转型升级，迈上了现代农业发展之路。国内有些省（区、市）的菜农们也慕名前来学习先进的种菜技术，或是邀请他去给蔬菜诊治各种“疑难病症”。

关慧明（左二）在大棚内讲解作物叶面祛除病虫害的相关知识（张日高　摄）

关慧明还担任了乌兰察布市科技特派员联合会会长。该联合会每年都要到各旗的县市区举办蔬菜适用技术培训班，培训内容门类翔实。冬春时节的培训内容包括土壤选择、品种引进、育苗施肥、病虫害防治、贮藏销售等。每期培训结束后，学员们都感到“过瘾”“满意”。夏秋时节的培训则主要针对蔬菜的管理、收获等，在田间地头举办的培训仿佛是农民的“及时雨”，让他们十分“解渴”。

有些农民技术员和蔬菜产业户时常带着患“疑难病症”的菜苗或手机里的照片，登门找关慧明“诊断”，无论多忙，关慧明都会放下手上的活，耐心予以解答，让他们满意而归。现在，乌兰察布全市11个旗县市区都建立了服务示范基地，由科技特派员提供跟踪服务。

与此同时，乌兰察布市科技特派员联合会还通过农村科技信息服务公益热线“12396”信息平台开展专家技术咨询和现场指导服务。经过多年的技术服务，全市国产良种仅甘蓝一项的推广面积就达14万亩，每亩纯增收1000多元；病虫害生态制剂防治技术推广面积40多万亩，每亩减少损失500多元。全市20万户菜农通过新品种、新技术，户均年增收1600多元。

关慧明的适用技术课从乌兰察布市的乡村开始，传授到鄂尔多斯、通辽、呼伦贝尔、兴安盟等自治区内的地区，再传授到自治区外的北京、天津、河北、陕西、甘肃、广西等地。受联合国计划开发署在我国召开的发展中国家科技论坛邀请，他做了题为“走中国特色的农业推广之路”的发言，在与会代表中引起了热烈的反响。他也因为科技推广贡献突出，两次被联合国计划开发署授予“中国农村科技扶贫创新和长效机制探索项目省级优秀科技特派员”荣誉称号。

技术来自农民，必须还给农民

黄土地也懂得“知遇之恩”。关慧明把根扎在沃土，沃土回报了他一片深情：冷凉蔬菜产业发展起来了。

乌兰察布市卓资县十八台镇梅力盖图村年降水量 300 多毫米、年无霜期 85 天，因气候条件限制，粮食作物不能正常成熟。这里的农民世世代代一年四季只种土豆，没种过别的菜。关慧明为他们开发了冷凉资源，帮助他们种植适合此处的冷凉蔬菜。

2000 年，在村支书宋和的支持下，关慧明从中国农业科学院引进生长期为 70 天的蔬菜新品种“中甘 11”甘蓝。该村夏季气温低、病虫害少，在这里种植的甘蓝具有包裹紧、味脆甜、绿色环保等优良特性。

一位南方客商原来每年都要到河北省的张北县种植西兰花，但是由于夏季偏热，有的西兰花未到收获期就提前冒芽，出现“满天星”似的黄点，严重影响了品质和产量。

关慧明听说了这个消息，想到夏天梅力盖图村的最高气温不超过 28℃，如果将南方客商引荐到梅力盖图村，岂不是农民增收、商家获利，能做到“双赢”？他向卓资县的领导说明了自己的想法。说干就干。于是，梅力盖图村利用机电井灌溉，建起了 8000 亩西兰花蔬菜种植基地，并配套建了冷藏加工厂，解决了蔬菜保存的问题。

经过卓资等旗县市区多年推广蔬菜种植技术的成功实践，关慧明在全国提出了“开发冷凉资源，发展冷凉蔬菜”的建议。这个建议得到业内专家们的高度赞赏，被确定为新的重大科学研究领域，还被看作少数民族地区经济发展的重大突破。

科技部、内蒙古自治区科技厅和乌兰察布市委、市政府对冷凉生态项目予以高度重视和大力支持，将其列入乌兰察布市“十二五”规划，专门成立了由市长牵头的冷凉蔬菜生产供应基地建设领导小组办公室。

2012 年，乌兰察布建立了全国首家冷凉蔬菜院士工作站，由中国工程院院士方智远牵头的专家团队常年在站内进行试验示范和科研攻关。200 多亩的试验示范田每年引进蔬菜、瓜果、杂粮杂豆共 300 多个新品种。

特别是党的十九大以来，乌兰察布市委、市政府在政策、人才、资金、项目方面给予全力支持，使院士工作站得到快速发展。截至 2019 年年底，院士工作站的专家团队取得了多项国家级科研成果和发明专利。特别是团队培育的“中甘”蔬菜新品种，在乌兰察布以及全国的冷凉地区推广，市场占有率达 80% 以上。

采用新技术规程种植的甘蓝，创造了亩产超万斤的国内最高单产记录。团队选育的胡萝卜杂交品种，其品质和产量指标均达到了国际先进水平。针对世界性病虫害防治难题开展的科研攻关，更是达到了高效、快速防治病虫害的效果。这项用生态制剂防治病虫害的技术成果填补了国际空白，在云南省进行了产业化推广。

“我觉得农业给了我生命，农民给了我生命。这个世界上对于我来说，最大的事儿就是农民种地的事儿，这事儿比天都大。”纵观 30 多年的技术推广之路，从提高大田作物产量到建设发展设施农业，从研发绿色防控制剂到新品种蔬菜培育上市，关慧明做了很多让无数农民从中受益的事情。

这是乌兰察布农民从贫穷走向富裕的 30 余年，也是关慧明不断学习的 30 余年，他说自己并没有做什么，是农民、农业、农村让他学到了技术。“我的技术来自农民，所以我必须把技术还给农民。”

在冷凉蔬菜科研成果转化的推动下，乌兰察布市建成了标准化冷凉蔬菜基地并逐年递增，2019 年发展到了 50 万亩，纯增经济效益达 20 多亿元。星星之火可以燎原，源于乌兰察布的冷凉蔬菜现已拓展推广到我国东北、西南的一些冷凉地区，并且都表现出了良好的发展前景。

> 采访手记

在几十年的科研和科技种田生涯中，关慧明说的很少，做的很多。数不尽的荣誉傍身，但他一直认为，自己的技术和荣誉都来自农民。他说自己最应该做的就是将技术还给土地、还给农民。

乌兰察布市是内蒙古自治区资源禀赋相对较差的地区，贫困县多、产业发展难。在乌兰察布发展最为艰苦的年代，原本可以顺利进入省级科研院所的关慧明主动申请留在了这里，这种情怀令人钦佩。

如今的关慧明已临近退休，当年风华正茂的小伙子如今已满头白发，唯一不变的，是他的那份情怀。他说，退休只是个时间节点，他不会因为退休而停止一生的事业，只要还有力气工作，农田将永远是他的战场。

作为技术服务人员，科技特派员要做好工作，首先要有对农业、农村和农民的情怀。可喜的是，全国各地有无数个像关慧明这样的科技工作者在默默服务、无私奉献，正是他们，为新时代中国农业现代化的发展注入了源源不断的力量。

苏海兰

苏海兰在基地查看七叶一枝花的生长情况（苏海兰　供图）

- 福建省农业科学院农业生物资源研究所农艺师，主要从事中药材资源与栽培应用研究工作。
- 近年来主持参与国家中药七叶一枝花种植标准化项目分课题等 60 多个项目，在七叶一枝花、仙草和麦冬等中药材的种苗繁育和种植方面取得技术进展。
- 2017 年被列入南平市科技特派员典型案例。2019 年 10 月，受到科技部通报表扬，并在科技特派员制度推行 20 周年总结会议上作为代表发言。

扎根深山老林，“濒危花”结出“富民果”

——记福建农艺师苏海兰

（谢开飞）

“这些年，我就专心做一件事：扎根闽北山区光泽县，带领当地农民种植稀缺药材七叶一枝花。”2019 年 10 月 21 日，在科技特派员制度推行 20 周年总结会议上，福建省科技特派员、省农业科学院农艺师苏海兰代表全国数十万科特派发言时说。

简单几句话，背后是 6 年的艰辛。

七叶一枝花又名华重楼，是我国稀缺的珍贵中药材资源，具有止血、镇痛、抗炎的作用，是云南白药、片仔癀等 40 多种中成药的主要原料之一。获取七叶一枝花一度主要靠采集野生资源，只采不种，资源已近枯竭。那会儿在福建，七叶一枝花的栽培技术和产业发展还处于刚起步阶段。

2014 年以来，苏海兰和福建省农业科学院中药材科技团队以七叶一枝花为“媒”，与承天药业集团结缘，以生产需求为导向、以科技难题为单元，从资源到生产、从研发到市场，开出了一剂因地制宜的“良方”，让这朵“濒危花”形成新产业，带动一方致富。

主动承担任务，6 年蹲守山区

新的一周来临了。在福州鼓楼区，苏海兰和家人又面临着一次短暂的离别。

“妈妈给你把头发梳一下，电话手表两天就要充一次电。”

“跟妈妈说再见，再抱一下，妈妈知道你很伤心，但是妈妈的工作要去完成，妈妈办完事情就回来。”

…………

从福州出发，先坐动车，再转大巴，大约 4 小时到光泽车站，再从车站去基地。“有时候企业有顺路车，我就搭便车进来，大概 1 小时。”每周这样花 5 ～ 6 小时来到光泽县，苏海兰已经习以为常。

2014 年，光泽县承天药业集团希望福建省农业科学院帮助发展七叶一枝花产业，带动农民致富，需要一名专家蹲守基地，以对七叶一枝花的生长情况进行系统研究。

“我作为共产党员、科技特派员，面对社会所需、企业所求、农民所盼，理应主动承担这项任务。”已经陆续跟踪观察了七叶一枝花两年的苏海兰主动请缨，要求到基地驻守。

说起这事，苏海兰看似满脸轻松，但事实上做出这个决定并不容易。她把读幼儿园的大女儿交给婆婆，自己则携母亲带着还没断奶的小女儿，领着一班技术人员，匆匆奔赴闽北山区，开始对仿野生状态下的七叶一枝花进行种苗繁育、人工栽培等科学试验。

初到光泽，苏海兰发现问题比想象中更难解决。

七叶一枝花是从云南引进的。在福建，因纬度、海拔等与原生环境差异太大，加上七叶一枝花对环境、土壤、病虫害等十分敏感，对人工栽培提出了较高的技术要求。多数农民不懂技术规范，种植收益难以达到预期效果，这挫伤了他们种植的积极性。

俯仰之间，都要耐得住寂寞

如何有效地保护七叶一枝花资源？如何精准有效地带动周边农户？这些都是苏海兰一直在思考的问题。

从 2014 年开始，苏海兰带领项目组成员，走遍了福建省的深山老林，了解七叶一枝花的生长习性，还多次到云南白药等基地取经。

“七叶一枝花及重楼属植物目前存在的栽培瓶颈是缺少种苗，只有从源头上解决种子休眠期长、出苗率低等问题，产业才可能实现可持续发展。”苏海兰说，因为七叶一枝花品种特殊，从种子到药材成品，可能要花 10 年左右的时间，所以在设计实验方案，包括在田间操作时，要考虑到各个方面因素，万一漏掉一个或者做错了一个实验，就可能与成功失之交臂。

清晨，太阳未升，露水未干，空气中尚有一丝夜的凉意。在七叶一枝花母本园里，苏海兰和工人们已经开始忙碌。

为比对大棚内种植的七叶一枝花与野生状态下的生长差异，缩短人工繁育七叶一枝花的种苗周期、提高种苗出苗率，苏海兰每天前往山林几个试验观测点对种苗进行测量、观察、采样，每个观测点都必须连续观测一周，不能间断。

山里不但蚊虫肆虐，还有隐藏于草丛中的毒蛇，所以不管天多热，她都得全副武装：包好头部、裹紧衣服、穿上雨鞋、拿着木棍，白天钻山林、进大棚，晚上还得将收集的数据整理归类。

苏海兰将实验室建在田间，根据七叶一枝花的生长习性，对种子进行变温及植物激素处理，创制种子育苗基质。为加强七叶一枝花种子、种苗繁育技术的研究和创新，她开展了 300 多次田间实验。

日积月累的一线实地观测为开展七叶一枝花的种植研究打下了坚实基础。谈及成果，苏海兰非常激动：七叶一枝花育苗从需要 2 年时间、出苗率只有 5% 变成 6 个月就可以实现超 60% 的出苗率；过去无法控制灰霉病等田间病害，如今可以做到提前预防。

“出苗率持续增长的背后，是我强大的‘智囊团’。”苏海兰说，比如，面对七叶一枝花的病虫害问题，她邀请福建省农业科学院植物保护专家王长方研究员、朱育菁研究员来基地指导，制定病虫害防治措施；针对专用基质和专用肥配制问题，她邀请李煜研究员对不同生长关键期的七叶一枝花进行有针对性的水肥管理指导；她还邀请高级农艺师方少忠指导工厂化育苗研究，为七叶一枝花的健康栽培“保驾护航”……

苏海兰（右二）向专家们展示基地质量最好的元胡（苏海兰　供图）

对苏海兰来说，在基地培育种苗是抬头看天，在实验室做实验是低头看地，俯仰之间，都和七叶一枝花有关，要耐得住寂寞，经得起等待，只有专注，才会收获更多美好的事物。

不仅提供技术援助，还要培养带不走的“土专家”

“株高、茎长、叶宽要测量精确，植株长势变化要记录翔实，才有利于区别不同地域的七叶一枝花在相同环境下的生长情况。”在基地里，苏海兰一边拿着卡尺对七叶一枝花进行认真测量，一边对围在她身边的几个年轻人再三交代。

在苏海兰看来，科技特派员并不是简单地提供技术援助，更应秉承可持续发展理念，培养一批七叶一枝花种植生产一线的“土专家”，辐射当地农户，实现持续“造血”，让七叶一枝花产业在光泽县真正“站稳脚跟”。

承天药业为苏海兰配置了专门的课题小组与实验室，苏海兰也为企业培养了一批技术骨干。比如，从不认识七叶一枝花到熟练掌握种植管理、培训农户等多项技能，肖凤友从苏海兰带领的承天集团科研项目组中脱颖而出，由普通技术人员成长为基地副经理。

“苏老师，最近七叶一枝花又发现了问题，给您发一段视频，您帮忙看看这是咋了？”“苏老师，叶子出现病斑，您知道是哪里出问题了吗？”……苏海兰点开微信，大多消息都来自她的“学生”。

“我每年组织培训 15 次以上，每天接到农户电话或微信语音电话至少 5 个，培训企业技术骨干和农户超过 800 人次，全省 90% 的七叶一枝花基地都和我有联系。我经常请有种植意愿的种植户来示范基地参观，再到农户地里实地指导，农户种植后再回看，一批农户种植技术过关后，让他们去带领当地的其他农户，这样一传十、十传百，七叶一枝花种植产业就会逐步规范起来。”苏海兰满脸自豪。

多年来，苏海兰经常开展田间示范指导，发放技术手册，组织开展规范化生产规程制定工作，通过课堂培训、现场指导、电话答询等方式，将七叶一枝花种苗繁殖技术、种植管理技术、病虫害防治技术等科研成果传授给服务企业及种植户，降低种植者的经济损失，从源头上提高中药材产业的可控性。

“我们采收了 50 多斤种子，计划扩大 150 亩林下种植，扩大 10 亩大田套种。”2018 年，光泽县嘉禾种植专业合作社负责人杨水明喜滋滋地说。就在 2016 年，他从云南引进的七叶一枝花种苗，种下后却颗粒无收，近 10 万元的投入打了水漂。看到示范基地良种繁育母本园里的七叶一枝花长势喜人，在苏海兰的推动下，杨水明也搭起了大棚，重新种起了七叶一枝花。截至 2020 年 3 月，在苏海兰的指导下，嘉禾种植专业合作社已规范种植七叶一枝花 500 多亩，带动当地农户林下种植七叶一枝花近千亩，杨水明于 2019 年被评为福建省林业乡土专家。

只要能帮到企业和农民，我的心里就都是甜的

2019 年，“七叶一枝花种苗繁育及栽培关键技术研究与应用”通过成果评审。七叶一枝花野生抚育和大田集约种植技术已形成企业技术标准，承天药业的七叶一枝花基地从 15 亩扩建至 6000 亩，经济效益有望超过 1.5 亿元。

在苏海兰的指导下，七叶一枝花种植户从每亩种植 900 株增加到 5000 株左右，她已带动农户种植近 1 万亩。

“七叶一枝花将成为真正的致富之花。”苏海兰说。

2019年10月21日，在科技特派员制度推行20周年总结会议上，井冈山市领导听了苏海兰的事迹报告，认为可以将中药材作为产业扶贫的重点项目来抓，于是立即组团到光泽县考察。随后，苏海兰应邀到井冈山市进行现场调研，确定示范种植七叶一枝花，开展科技扶贫，由承天药业提供种苗，井冈山市林业局负责组织农民规范种植，产品由承天药业回购，以保障农民的收益。

苏海兰（左五）在井冈山市七叶一枝花基地进行现场指导（苏海兰　供图）

通过实地现场选地、培训、指导、共同建设，结合福建科技特派员云平台的微信公众号“慧农信”、视频连线、电话答询等远程指导方式及定期基地回看和指导，双方共同建设的井冈山市七叶一枝花林下仿野生栽培及大田集约化栽培示范基地长势良好。共建的示范基地成功地提高了闽赣七叶一枝花的科学种植水平，促进了七叶一枝花的产业化发展，有助于带动农民脱贫致富和地方绿色经济发展。

“长期下乡虽然又苦又累，但只要能帮到企业和农民，我心里就都是甜的。”苏海兰笑着说，科技特派员有责任、有义务发挥其驻扎“前线”的优势，手把手指导农民、培训农民。“我特别荣幸能成为一名科技特派员，有机会实打实地为光泽农民服务。一路走来，群众对我的工作给予的认可和支持，让我感到这既是一份信任，也是一份沉甸甸的责任！”苏海兰说，“未来我将不忘初心、加倍努力，让科技之花在有需要的地方更美地绽放！”

> 采访手记

20多年间，数十万名科技特派员活跃在农业农村生产一线，进乡村、下田野，用自己的农业知识，手把手为农民解决实际困难。“80后”姑娘苏海兰便是其中一员。

脚下沾有多少泥土，心中便藏有多少深情。苏海兰说，她有个梦想——让农民群众过上好日子。她经常会跟对口的农户说，有需要就尽管找她，因为她是科技特派员，有义务也有责任为大家服务。

她是这么说的，也是这么做的。光泽基地远离村庄，近2000亩的山林内种满了七叶一枝花。这里山高林密，蚊蝇成群，更有多种毒蛇时常出没于草丛中，工作环境十分恶劣。作为一个年轻的母亲，苏海兰带着一个尚未断奶的孩子，长期蹲守在远离人烟的大山里。她照顾种苗，比照顾孩子还细心。

“乡村振兴，关键在人。”苏海兰用实际行动证明，生产的问题在哪里，科研的方向就在哪里。同时，在生产实践中，科技特派员不仅向农民推广先进农业技术，还与其他科研人员合作研发，不断地进行科技创新。

这些年来，在福建，像苏海兰这类“明星”科技特派员的故事不绝于耳。“一号科特派”吴敬才、“榛仙”詹夷生、“葡萄仙”谢福鑫、“菇王”刘瑞璧、“竹仙”林振清、“橘仙”方金妹……科技特派员们“讲堂在田头，讲稿挂枝头”，瞄准区域主导产业、新兴产业和特色产业发展，做给农民看、带着农民干、帮助农民赚。

王友国

王友国与“长林 3 号”（王友国　供图）

- 重庆市种畜场农业推广研究员。2013 年，作为市级科技特派员被选派到酉阳县五福乡（2018 年 2 月撤销，设立五福镇），帮扶大河村、高桥村等贫困村开展科技扶贫；作为重庆市国家“三区”人才，领办重庆五福盈林业发展有限公司。
- 2019 年 10 月，在科技特派员制度推行 20 周年总结会议上受到科技部通报表扬。

退而不休，誓让荒山变“金山”

——记油茶种植专家王友国

（雍　黎）

“别折腾了，就好好退了休息休息吧！”

“爸，你累了一辈子了，这次就听我妈的吧。”

当退休的王友国想去创业扶贫时，老婆和孩子这么说。

王友国是重庆市市级科技特派员。他心系大山里的农民，退休后，不顾家人的反对，开始了自己的创业扶贫之旅。

重庆市酉阳土家族苗族自治县（以下简称酉阳县）野生油茶树资源丰富，但因当地村民不懂种植和管理技术，这些树木只能在山间默默生长。如今，在王友国的帮扶下，油茶树从无人问津的烧火棍变成了“摇钱树”。

学农很苦？很幸运可以做自己喜欢的事情

出生于1958年的王友国，是重庆市种畜场的一名农业推广研究员。

“我出生于农村，经历了物资匮乏的年代，从小看着父辈们忙碌一年却难以解决温饱问题，就想着以后一定要想办法帮助他们提高作物产量。”王友国说，高考时他坚定地报考了农学专业，后来成了一名农业技术推广员。有人觉得学农很苦，但他却觉得自己很幸运，因为可以做自己喜欢的事情。

酉阳县曾是重庆市国家级贫困县之一（已于 2020 年 2 月脱贫），五福乡大河村、高桥村是地处武陵山区腹地的贫困村，村民原来也就种种粮食。2012 年，王友国作为市级科技特派员被选派到酉阳县五福乡大河村、高桥村等贫困村开展科技扶贫工作。

“第一次去是在 2012 年 9 月 15 日，初秋时节。”王友国还清楚地记得当时的情景。天刚亮，他就从重庆主城区出发，驱车 500 多千米才到五福乡。

通过调研和实地考察，王友国找到了当地贫困落后的“病根”：当地气候恶劣、土地贫瘠、产业空虚；但同时也有了意外的“收获”：当地土壤呈微酸性、高富硒，特别适宜油茶树生长。可惜的是，4000 多亩野生老油茶树都被农户拿来当柴烧。

王友国兴奋地想：野生老油茶树经过改造就能产生收益，再加上引进培育新的油茶品种，完全能把荒山变成“金山”。

然而，当他提出把油茶树作为当地产业来发展时，农户根本没兴趣。“没得用，油茶树原来也搞过，野生的不挂果。现在你要做，怕又是白劳动，栽了以后卖不卖得成钱？”

要在当地推广油茶种植，首先要解决以前油茶树产量低的问题。于是，王友国大胆探索油茶栽培技术创新和老品种油茶低产林改造。

2012 年以来，他每月基本有 20 天时间待在油茶基地里，从重庆主城区到五福乡开车 6 个多小时，一趟趟来回，从油茶种植到产业化运作，亲力亲为地忙碌着。他开展技术培训，转变农民落后思想观念，向各级领导汇报，争取对油茶科技扶贫产业的支持，联系油茶果的销售，种种行为使当地农民切实看到种油茶的希望。

退休后享受安逸生活？创业扶贫不分年龄

“如果不是王研究员来了，我这个茶油事业就干不下去了。”重庆五福盈林业发展有限公司董事长郑国彬是四川省泸州人，他看中了油茶产业的发展前景，通过招商引资来到酉阳县。他不懂油茶种植技术，所以对技术人员和管理人员都求贤若渴。

2015 年，王友国到了退休年纪。为做好油茶产业扶贫，继续扶贫事业，他说服了家人，放弃了退休后的安逸生活，作为重庆市国家“三区”人才[①]，领办重庆五福盈林业发展有限公司，一门心思扑在了在酉阳县创业扶贫的道路上。

在王友国的带领下，经过多项科研课题和项目的研究，先进的油茶轻基质长林系良种育苗法成功了！他们还推广了野生和低产品种换冠、配方施肥等五大技术，油茶树不仅成活率提高了，还能快速生长，挂果率上升，产量提高，收益自然也增加了，曾经的荒山终于变成了“金山”。

王友国来到公司后，通过加强科研攻关，先后承担市级以上油茶类科研项目 5 项，取得科技成果 3 项，发明专利 6 项，培育和审定适合重庆地区种植的长林系油茶新品种 3 个，注册“五福盈”等茶油商标 4 个。

王友国不仅解决了当地油茶种植的技术问题，还为企业实施了油茶“产、加、销”全产业链工程，使当地油茶产业的发展上了新台阶。王友国改变了公司领办前的亏损困难局面，将其发展成为集良种培育、种植、加工、销售于一体的全产业链公司。2018 年，公司产值 6450 万元、利润 880 万元，被评为全国科普惠农兴村先进单位、国家级科技型中小企业、国家级林业产业化重点龙头企业，还获得了第四届中国林业产业突出贡献奖。

① 2011 年，为贯彻落实《国家中长期人才发展规划纲要（2010—2020 年）》，中央组织部、科技部、农业部等部委共同印发《边远贫困地区、边疆民族地区和革命老区人才支持计划实施方案》，实施“三区”人才计划，目标是每年扶持 1 万名“三区”急需紧缺人才。

王友国（右一）和专家们在现场查看新品种（王友国　供图）

王友国说，他会继续探索科技帮扶产业发展的新模式，带动南川、巫山、彭水等 8 区县种植油茶 60 万亩以上，利用油茶花期长等优势开展乡村旅游业，推动农村一、二、三产业融合发展，为乡村振兴贡献力量。

离土不离乡？烧火棍变成了“摇钱树”

在多年的科技创业扶贫中，王友国探索出了以酉阳县天馆乡 10 000 亩油茶为示范的“1-4-5”利润分红模式，即集体经济占 10%、企业占 40%、农户用土地入股占 50%，让农户特别是贫困农户参与基地建设，投身产业发展，成为产业工人，获得长期稳定收益。

“现在我在家就可以打工，既挣了钱又照顾了家庭，算是两全其美了。”五福村 4 组的文元碧说，以前家里种地收益不多，只能外出打工。以前只能当烧火棍的油茶树如今变成了“摇钱树”，自己经过培训，成了公司油茶栽植、除草、修枝、嫁接等方面的技术员，收入增加了，再也不用外出漂泊了。

白桂平是大河村 5 组村民，曾是贫困户。以前，全家人每年种水稻、玉米，虽能解决温饱问题，却存不了什么钱。自从公司入驻该村后，她便将自家的 40 亩坡地流转给公司，在农闲之余到基地里务工。无论是栽种还是管护，她都能胜任，一年下来能挣上万元。

2018 年公司收获茶果达 50 万斤，2019 年挂果 120 万斤左右，收获 80 余万斤茶果。全镇所辖 5 个村参与的农户有 1130 余户，其中建卡贫困户有 368 余户、1100 余人，他们靠油茶产业的土地入股分红、到基地务工等方式，每年收入 1 万元左右。

王友国说，这几年作为科技特派员到产业第一线帮扶，感受最深的是，将科技引入农村是建立长效扶贫机制的最好方式。对龙头企业来说，加工和销售农特产品，可以通过正常生产经营获取利润。对农民来讲，由于有可靠的销售渠道和专业的技术指导，通过种植特色高效益作物，发展特色养殖业，及时引入新品种、新材料、新技术，他们的收入明显提高了，真正实现了离土不离乡、失土不失业，走出贫困奔向小康，实现了“扶真贫、真扶贫”的目标，做到了“不返贫、能致富”。

吃苦受累？创业是甜蜜的

“油茶树是一种综合利用价值极高的经济树种，可以说全身都是宝。”王友国说，油茶树的主要产品为茶油，副产品包括茶粕和茶籽壳。油茶树第 4 年挂果后稳产期可达 80 年，对茶粕进行深加工后可从中提取残油、茶皂素；从茶籽壳中可提取各种工农业原料，用于制作糠醛、木糖醇、栲胶、活性炭、培养基和护肤品等。

王友国和同事们经过摸索，开发出的油茶衍生产品五花八门，除了食用茶油，还有各种以茶油为原料的洗护产品，包括面膜、牙膏等。

“从茶油中提取出来的亚油酸可以作为药品和保健品的原料，经济效益很高。”王友国说，他还引进了香花油茶，相比无色无味的百花油茶，香花油茶有香味，提取物可以做高档火锅油碟、高级护肤品等。

王友国的儿子王圣坤是西北工业大学的博士，本来不支持父亲创业，后来也逐渐转变了观念。

“他现在还帮我们做茶油成分的分析，制定茶油的企业标准，以便更好地拓展茶油产品的新品种，等等。”王友国说，自己最想把油茶的种植规范化，更快地推行新品种的大面积种植，同时通过拓展精深加工附加产品的研发，推广茶油的新产品，提高茶油的附加值。

王友国（前一）在现场指导农户种植（王友国　供图）

王友国说："作为农民的儿子，我吃过苦、受过累，最了解农民需要什么。能够再创业，带领乡亲们富裕起来，我觉得自己的创业是甜蜜的，退休生活更有意义。"

> 采访手记

第一次听说王友国，是时任酉阳县科委主任谢建的推荐。"我们这里有个科技特派员，退休了专门来创业，还把这里的油茶产业发展起来了！"

我认识和报道过的科技特派员很多，但退休后专程去创业的还没怎么听过，于是我约了王友国进行采访。王友国喜欢穿一身西装，他个子不高、精神焕发，看起来干劲十足。说起油茶事业，他更是充满了激情。

最让我钦佩的是，他是一个做事认真、有恒心、有毅力的人。当时家人不支持他扶贫创业，他没有动摇自己的决心。他说，小时候看到父辈们一年到头忙碌，却难以解决温饱问题，就默默决定"以后一定要想办法帮助他们提高作物产量"，这个念头让他与农业打了一辈子的交道。

最让我感动的是，在王友国身上，我看到了农业技术专家朴实、诚挚、无私的一面，能把酉阳的油茶产业发展起来，靠的是他不忘初心的坚持和钻研。当地油茶产业有基础但没有形成产业，缺的就是技术，虽然他的老本行不是油茶种植，但他愿意去学习、研究，通过应用良种良法、生态经营等技术措施，加强科研攻关，用科技将基地油茶林建成年亩产茶油 40 公斤、年亩产值 3200 元以上的高产高效示范基地，让昔日的烧火棍变成了"摇钱树"。

王友国和油茶的故事告诉我们，科技人员在田间地头手把手地为农民传授技术，为农民解决生产经营中的技术难题，不仅有益于自身科技成果的推广和转化，还能更有效地促进当地农村经济的发展，实现精准扶贫，对维护农村社会稳定、构建农村和谐社会具有深远意义。这正体现了科技在脱贫攻坚中的巨大作用，靠科技才能不断提升贫困地区的再生动力，实现内涵式发展。

坚　守

初心写在田里 热忱遍洒山间

寒冷的山顶，长出一棵棵倔强的幼苗；

贫瘠的荒土，结出一颗颗甜美的果实。

“艰苦”是这份工作的名片：

远离城市、交通不便，他们蹲守山乡僻野；

不被理解、单调寂寞，他们坚定信念决心。

通宵达旦，日月磨老了容颜；

秋来春去，霜雪染白了华发；

当年汗滴禾下土，换得繁花满田园。

王衍成

王衍成在茶园（付毅飞　摄）

● 高级农艺师。1991 年，在陕西省安康市基层茶果技术推广站从事茶叶技术推广工作，开始尝试培养陕西省首个无性系茶树品种。2003 年，安康市科技局试点选派汉滨区首批科技特派员，他成为其中一员。

● 扎根茶区、服务产业，培育的“陕茶 1 号”改写了陕西的茶业格局，改变了当地贫困农民的生活。被评为安康市有突出贡献专家、陕西省“十佳农民专家”。

● 2019 年 10 月，在科技特派员制度推行 20 周年总结会议上受到科技部通报表扬。

王衍成的
采访视频

坚守近三十载，只为茶树满山栽

——记“陕茶一哥”王衍成

（付毅飞）

1991年，陕西省安康市基层茶果技术推广站副站长王衍成28岁，他产生了一个大胆的想法。

那年，在中国茶叶学会全国会员代表大会上，他听专家说，全国茶叶的发展趋势将是无性系种植。陕西茶叶栽培历史悠久，却始终没有自己的品种。他想：总得有人做啊。

2019年，王衍成已经为梦想奋斗了28年。他培育的陕西第一个无性系茶树品种“陕茶1号”成为陕西省首个通过国家品种登记的茶树品种，他带领着当地农民实现了脱贫致富。

被当地人称为“陕茶一哥”的王衍成，正努力将“陕茶1号”推向更广阔的市场。

进山育苗，一个人的探索

28岁时，王衍成已在茶果技术推广站摸爬滚打近10年，干过业务、懂些技术。但要说这个年轻人打算选育无性系茶树新品种，没人相信他能成功。

他自己心里也没底。凭借从书上搜集的知识，他摸索着四处选种，只要听说哪里的茶树有特点，就跑去研究。

缺乏理论指导，没有技术条件，他选种的首要标准简单直观——发芽早。“发芽早，上市就早，能卖个好价钱。”他说，“这一点很受农民欢迎。”

1994 年 3 月 11 日，王衍成在紫阳县茶叶研究所茶园里考察，发现 3 株早芽种，就惦记上了。

第二天是周末，他回到汉滨区双龙镇永安村老家，坐在堂屋里仍心心念念那 3 株早芽种，突然想起母亲曾说家里有棵树出的茶很好喝。他到地里一看，树上的芽头发得比头天看到的 3 株更大。相比紫阳县，老家的位置偏北、海拔更高，在这样的地方都能这么早发芽，这不是早芽种是什么？王衍成喜出望外。

接下来的一段时间，他仔细观察了这棵树的性状特点：叶片隆起突出、叶面有光泽。他觉得非常满意，将其确定为 1 号单株。这年 5 月，他对这棵树进行了重新修剪，许多新枝条生长出来，他在 8 月开始了第一次繁育。

然而问题来了。王衍成的育苗事业全凭“自带干粮”，时间从工作之余挤，经费从自己兜里掏，但繁育茶苗所需的土地，他却没办法“变”出来。

起初他打的是自家耕地的主意，遭到父亲的坚决反对。他完全理解：土地是保证全家人吃饭的，搞成“试验田”又没有收益，难道让家里人喝西北风不成？

可是茶苗总得有地方种啊。王衍成就在幺叔家的荒地上开垦了十几平方米，开荒、平地、筛土、铺苗床、扦插……全是自己干。

自从开始育苗，王衍成回家的频率大幅提高，几乎每个周末都回。从市区到村里，公路土路山路总共 60 余千米，为了省路费，他经常骑自行车，单程要花 3 个半小时。村里人都夸他是个大孝子，母亲却埋怨：“他又不是回来看我的……”

这批扦插的茶苗成活了 72 株，实现了单株到株系的跨越。这是“陕茶 1 号”获得成功的关键一步。

第二年，王衍成需要栽植茶苗，再度面临土地问题，只好又去找父亲。这回他选择“智取”。“育苗建园是单位安排的工作，你不让弄，我就要丢饭碗。”他可怜巴巴地说。父亲无奈地点了头。

有了此前的成功，王衍成觉得这事不难。谁知，由荒地换成熟地，当年的茶苗却“全军覆没”。接下来的两年遇到干旱，一株茶苗都没留下来。王衍成惨遭“三连败”。

埋头研究，挖到第一桶金

不得不说，中国茶叶学会全国会员代表大会对王衍成有着重要的指导意义。1997 年，他在会上听专家说，茶叶要实现机械化加工。

王衍成在学校学到的是：名茶只能手工制作，不可能用机械做出来。专家的话让他很疑惑。正好那段时间，岚皋县茶叶站弄来一台茶叶加工设备，站长叫他一起试试。两人埋头研究了 3 天，发现这东西可了不得。过去农民加工茶叶，一人每天只能加工 1 斤，还得有专业技术人员现场指导；而通过机械加工，一晚上就能加工 20 多斤，而且品质很好、质量统一。

王衍成决定代理该设备。起初他想得很简单，在厂商和客户间牵个线，把设备拉回来卖给茶场，钱一收，继续上班。但操作起来却不是那么回事。1998 年春天，他买回 30 多台设备，茶场却不肯付款。客户振振有词：你这设备我们不会用，见都没见过，不好使咋办?

大家说得不无道理，王衍成无言以对。问题是，这一车设备还欠着13万多元的货款，对于月工资不到600块的他来说，这可是个天文数字。

育苗失败、资金被套，讨债的人守在他家里不走。王衍成心慌意乱，他贷款2万元还给厂商，剩下的钱只能等茶场做出产品才能拿回来。他办了停薪留职，奔波于各茶场，一台一台调试设备，挨家挨户教大家用。

忙活了几个月，30多台设备收效显著。下半年，王衍成就收回了全部货款，还赚了一万多元。有了第一桶金，又有了时间，他把全部精力投入到育苗上，收获了1500多株茶苗。1999年，他圈了4分地，建起茶园，为品质实验和扩大繁育奠定了基础。

王衍成的事业峰回路转。第二年，他花30多万元拉回3车设备，第三年，引进的设备价值百万。十余年来，他总共引进万余台茶叶加工设备，配套给近千家茶场使用。机械化生产在安康茶产业中迅速推广，乡亲们的日子滋润了，他自己的腰包也鼓了起来。

这钱挣得很不容易。王衍成不仅为茶场量身配置设备，还提供后续技术支持。

茶叶加工都是在晚上进行，尤其是清明节前后，那是生产高峰期，各茶场都通宵达旦，忙得热火朝天。如果设备出故障罢工，价值数千甚至上万元的茶叶可能会坏掉，所以茶农就会火急火燎地找王衍成求助。王衍成的电话24小时开机，一晚上接好几个电话是常事。他的爱人受到连累，晚上睡觉频频被吵醒，对他把办公室搬到家里的行为颇有怨言，却又无可奈何。

此外，王衍成还为茶叶销售提供“善后”服务。每年旺季过后，有的茶场可能剩一些茶叶没卖出去。为了帮助茶农保本，他将这些茶叶回收，开店销售，实在卖不掉的，只能烂在自己手里。

挣到钱后，王衍成不忘初心，把钱砸回到茶叶上。2003年，他成为安康市首批科技特派员之一。2006 年，他创办了安康市汉水韵茶业有限公司，以汉滨区为中心，建基地、办茶厂，经营“汉水韵”品牌。

蹲守茶园，新品种优势显现

以公司为依托，王衍成的科研试验也逐渐走上了正轨。

2006 年，他在双龙镇三星村建起“陕茶 1 号”品种对比试验园，次年又在新华村建起“陕茶 1 号”示范园，栽种范围逐步扩展到紫阳、宁强和商南等县。

对专业知识需求越来越强烈的王衍成，不仅给公司招聘了相关专业的大学生，自己也时常到中国农业科学院茶叶研究所（以下简称中茶所）、福建省茶叶研究所请教学习。同时，他开始不断通过各种渠道，千方百计地邀请专家实地了解“陕茶 1 号”，向专家寻求意见和建议。

在紫阳县、平利县茶叶节，以及陕西省茶叶节等活动中，王衍成的身影频频出现。在这些场合，他结识了许多茶叶专家，先后把中茶所、安徽农业大学、西南大学、西北农林科技大学、安康学院等单位的 30 多位专家教授请到自己的茶园，他也由此进入了全国茶树育种的圈子。

有了更专业的支持，育种工作更为严谨细致。仅观测叶片这一项，统计叶片宽度、长度、叶形、叶缘锯齿、隆起性、叶面色泽和叶覆面积，就要量 150 个叶片，收集 1000 多个数据。统计一次，就要在地里蹲几小时。再加上生长势、树型、树姿、分枝密度、盛花期、氨基酸含量、咖啡因含量、产量、品质等方面的数据，一年下来有上万项数据要统计分析。这些事王衍成亲力亲为。

几年摸索下来，“陕茶 1 号”的品质逐渐稳定，优势也显现出来。它的成活率高达 90% 以上，远超普通茶苗成活率 70% 左右的水平，抗病抗寒能力也更强。同时它投产见效快，一年种，两年采，三年达产；品质好，口味柔和纯正，适销群体广泛。

为进一步考察“陕茶 1 号”的品质，王衍成连续三年带着样品参加陕西省茶叶节，均荣获金奖。2011 年，“陕茶 1 号”被正式认定为省级良种。2012 年，它正式进入国家第五轮茶树品种区域试验，在浙江、安徽、河南、湖北等地试种。2013 年，在全国 4 个区试点的 20 个绿茶品种中，“陕茶 1 号”的株存活率和丛存活率均列第一。2014 年，“陕茶 1 号”又被国家林业局授予国家植物新品种权，在中国茶叶学会举办的第三届“国饮杯”茶叶评比中获得一等奖。国内茶学专家鉴定认为，“陕茶 1 号”填补了我国北部高纬度茶区优良茶树品种的空白，达到了国内同类地区的领先水平。

地区茶产业“活”了，给山乡带来巨变

2019 年 11 月初，记者来到位于双龙镇的“陕茶 1 号”繁育基地，看到一派繁荣景象。农民们一字排开，坐在田间拔茶苗，前来收购的客户将成堆的茶苗装车运走。

在此劳动的农民有不少是“空巢老人”，以前生活主要靠子女在外打工补贴，如今自己成为专业技术工人，除了自家种茶卖茶，还可以到茶园拔草拔苗剪枝扦插，按小时计酬，一年能多挣好几千元。

这让王衍成觉得付出是值得的。

到 2011 年，王衍成累计投入茶苗选育费用上百万元，花费的时间、精力无法计算，个人的收益又都投回了茶园中。

对于“陕茶1号”给自己生活带来的变化，村民罗长珍百感交集（付毅飞　摄）

安康的茶产业因“陕茶1号”而“活”了过来。2014年8月，陕西省政府出台《陕西省人民政府办公厅关于加快全省茶产业发展的意见》。这份文件中明确提出要“大力推广以‘陕茶1号’等为代表的适生优良品种，推进品种更新换代”。陕西省农业厅也把“陕茶1号”列为全省茶园建设的第一主推品种。

更让王衍成欣慰的是，家乡群众的生活也发生了变化。永安村村民王庆斌过去种玉米和油菜，收入仅够维持生活，永安村种上了“陕茶1号”后，2018年每亩地仅剪枝这一项工作就让王庆斌有近8000元的收入。由于乡亲们种茶的热情高涨，“陕茶1号”茶苗成了抢手货，到了栽苗的季节，茶农争相购买。

几年来，“陕茶1号”越来越火，各种获奖证书挂了一墙。作为陕西省首推的主导茶树品种，它在全省的推广面积超过6万亩，并在湖北、河南、安徽等地引种示范。2019年1月，它通过了国家品种登记，成为陕西省首个、全国第九个国家茶树品种。

王衍成如今的主要工作是推广茶业产品、树立品牌，同时打造全方位技术产业链，担子很重。但偶尔得闲，他还是愿意到茶园里，摸摸茶树，和茶农聊聊收成、谈谈农活。近三十载，一如既往。

王衍成在茶园（付毅飞　摄）

> 采访手记

王衍成很聪明，也很"轴"。

自从干上了茶叶培育这一行，他如同扎进了一条漆黑的胡同，一路磕磕绊绊，不知何时能走上光明大道，但这些年来，他跋涉在山间崎岖的小路上，从未退缩。

在前期摸索阶段，王衍成拿出微薄的工资和几乎全部的业余时间，学习知识、四处考察，从一个基层技术人员成长为实践经验颇为丰富的茶叶专家。

挣到钱了，他没有安享富足生活，而是把资金“灌溉”到不断壮大的茶园里，即使在相当长的一段时间里得不到收益，依然义无反顾。

乡亲们富了。以前需要靠子女在外打工补贴家用的留守老人，如今每天去茶园上班，有了自己的收入。过去种玉米入不敷出的农民，种上茶树之后日子眼看着一天天滋润起来。遇到王衍成，乡亲们总是笑脸相迎，坐在一起有一搭没一搭地拉家常，能聊好半天，亲热得很。

王衍成的茶叶公司也在不断发展壮大。他的茶苗在省内大面积推广，并在多省引种示范；茶叶产品连年获奖，在市场上打出了响当当的品牌。事业可以说是很成功了，他却没有停步。他嘀咕：“我怎么觉得担子越来越重？”

他脑子好用，擅长从海量信息中找到重点。从在基层茶果技术推广站工作开始，中国茶叶学会全国会员代表大会就是他知识和信息的重要来源，他总能从会上获得灵感。为陕西培育第一个无性系茶树品种、在当地推广茶叶机械化加工的想法都是由此而来。他会抓商机，能赚钱。月工资只有五六百元的他，敢于贷下十多万元引进、代理茶叶加工设备，赚取了第一桶金。此后他凭借智慧与勤奋，将这项生意做得“非他莫属”。

如今，王衍成仍保持着多年来形成的习惯。隔三岔五，他就要驱车把所有茶园转一遍，到田间地头走一遭。有时候，他会仔细观察茶树、茶花，有时候啥也不看，就是低着头、背着手，默默地、慢慢地走，不知在想什么。

也许他什么也没想，就是喜欢和他的茶苗在一起。

王永利

王永利在养殖基地为农户讲解鱼病防治（王迎霞 摄）

● 硕士毕业于西北农林科技大学，现为宁夏职业技术学院生命科学技术系教师。

● 2009 年，创建了宁夏泰嘉渔业有限公司，并被石嘴山市科技局聘为科技特派员。为改变宁夏水产养殖品种单一、养殖效益低下的现状，多年来，坚守鱼塘，试验新品种养殖技术，培养了一大批新型渔民，带他们走上了致富道路。

● 先后获得全国农牧渔业丰收奖农业技术推广成果奖一等奖、自治区级优秀法人科技特派员等多项荣誉，并于 2019 年 10 月在科技特派员制度推行 20 周年总结会议上受到科技部通报表扬。

这辈子只干养鱼一件事

——记宁夏科技特派员王永利

（王迎霞）

王永利穿上雨裤跳进鱼池，用一口近乎播音员的标准普通话指挥农户收网。身材颀长、声音洪亮，戴着黑边眼镜，怎么看，他都不像个“养鱼的”。

然而，拥有硕士学历、身为高校教师的他，一直在扎扎实实地养着鱼。他一手创办的渔业公司目前已流转土地 2000 多亩，在宁夏、内蒙古两地建起了 3 个养殖示范基地。

“大家都说我不走寻常路，我也觉得自己是个不安分的人。我经常在想，应该是科技特派员这个角色把我的每一段人生都串了起来，并让它们发光。”王永利说。

在科技特派员制度推行 20 周年总结会议上，王永利等 4 人代表宁夏全体科技特派员受到通报表扬。面对这一荣誉，他并不满足。王永利还有更大的梦想——以自身科技创新创业示范带动渔业发展，让更多渔民转变观念成为专业养鱼人，进而推动整个行业的发展。

“我这辈子就干了养鱼这么一件事。一个人只有真正知道自己该做什么，才会生出无限动力。于我，于渔民，都是如此。”这是王永利科技特派员生涯中最深的感触。

一猛子深扎进鱼塘

干净、漂亮，全然没有鱼虾的腥味。王永利的鱼池和他本人一样，亦颠覆常人想象。

走进繁育车间，涂在池壁上蓝莹莹的漆让人想到了安静温馨的海。而在双层膜温棚，抬头是浅蓝色的穹顶，又仿佛看见了碧空如洗的天。

“这层专门的水产漆是为虾苗淡化标粗[①]做准备的，还可以防渗漏。”王永利又指向不远处，“你再去摸摸那膜，双层的，漂亮又实用，到了冬天根本不用担心鱼虾被冻着。”他在宁夏职业技术学院生命科学技术系教书，总能知道什么是最新的水产养殖设备。

王永利（右）在育苗车间对渔民进行技术指导（张纫芳　摄）

一切都源于兴趣。用王永利的话说，他觉得自己天生就是个养鱼的。

① 淡化标粗是指虾苗等的中间培育过程。

1988 年，王永利从西北农林科技大学毕业后当了老师，在言传的同时，他更注重身教。他喜欢带着学生深入基层，因为“学养殖只有走到养鱼池，才能知道鱼究竟该怎么养”。在这个过程中，他看到了宁夏渔民在养殖技术方面和外省地区存在的巨大差距。

有件事对王永利触动很大。

20 世纪 80 年代末，他带领学生在银川市永宁县鹤泉湖一家养殖场实习。看养殖场产量不高，他便找到厂里的技术权威，说打算帮他们做一个亩产 1000 斤的鲤鱼项目。谁知对方压根不信。

对方有所不知，当时王永利在学校养殖鲤鱼的试验池亩产量已经达到了 3000 斤。

王永利告诉他：“我帮你用肥水技术培养浮游生物，鱼苗从很小长到一寸根本不用喂，不像你们每天要撒 3 次豆腐渣，一拉网还经常没鱼。”

对方依然满脸怀疑。最后，王永利说服对方让自己先试试，结果自然是大获成功。于是这个“传说”在渔民中流传开来——“王老师培养的鱼苗不用喂，喝水都能长！”

“渔民缺乏基本养殖技术，思想观念跟不上。技术可以扎扎实实学，但如果对行业发展认识不到位，就不可能有新的突破。”王永利发现，自己有很多事可做。他决定先行先试，用事实向养殖户们证明自己是对的。

2009 年 4 月，他创办了宁夏泰嘉渔业有限公司（以下简称泰嘉渔业公司），又多了一重身份——职业养殖人。同年，王永利被石嘴山市科技局聘为水产专业科技特派员，为全市水产养殖企业和养殖户提供技术培训、咨询和服务。这些年来，他以带动渔民增产增收为目标，以调整生态水产养殖结构为方向，为宁夏生态高效渔业可持续发展进行了诸多尝试。

历经挫折，绝不轻易放弃

万古奔腾的黄河蜿蜒流经宁夏，这里的渔业依靠母亲河进行自流灌溉，水产资源丰富。然而一直以来这里仅是渔民自发形成市场，且水产品种单一，养殖效益低下。

如何提高现有鱼种的品质？怎样向农民推广？这都是摆在王永利面前的难题。

“所幸我是个不安分的人，愿意尝试新鲜事物，不然经历了那么多挫折，估计早就放弃了。”他笑言。

王永利在石嘴山市平罗县养殖基地安排加州鲈鱼养殖计划。这在宁夏属于新鱼种，市场前景向好，他考察了好几年，前期试养比较成功，打算扩大规模。这些年来，王永利不断进行新品种养殖技术试验，个中艰辛，冷暖自知。

刚开始在温棚试养鲈鱼，起初鱼儿长势非常好，但到了后期却开始发病，控制不住。其实，真正的病因是粪便沉淀导致池内溶氧量过低，但当时他并未意识到这一点，先是将鱼儿搬到流水槽去养，过了一个月出现同样的情况后，他又将它们送到内蒙古养殖基地的温泉池。

三次折腾下来，鱼苗几乎全军覆没，可王永利没怎么难过，反而挺开心——他终于把这门养殖技术彻底摸透了。

靠着这股韧劲儿，他先后引进俄罗斯鲤鱼、南美白对虾、澳洲龙虾、罗非鱼、斑点叉尾鮰、黄河甲鱼等 10 余个新品种，推广新技术 8 项，并在对虾淡化育苗、成虾养殖、鲫鱼工厂化繁殖、甲鱼人工繁殖等方面形成了技术规范。

大家都夸王永利是个能人，但他认为自己和别人最大的不同就在于更懂得钻研。他钻研的，除了新技术，还有新式“武器”。

在他的养殖场，变频式增氧机、智能溶氧监控等设备随处可见，农户用起来也得心应手。他还在宁夏率先引进国内最先进的物联网水质智能监控设备，既降低了劳动生产成本，又提高了池塘养殖的安全性，辐射带动全区 10 000 余亩养殖场应用智能化设备。

走进物联网水质智能监控设备的操作间，只见一块大屏幕上显示着每一块池塘的监控情况，只需用电脑登录水产养殖溶氧智能监控系统，池塘的溶氧量、水温等信息便一览无遗。人不在渔场也没关系，用手机 App 照样能监控池塘的溶氧量等参数。

与同行的单兵作战相比，王永利更注重推行“项目助推产业发展”模式。他积极申报国家及自治区级科研项目，并与区内外的科研院所合作，探索解决宁夏水产新品种养殖、盐碱地渔业利用及稻鱼综合种养模式等技术瓶颈问题。

“老办法肯定不行啦！渔场的根基靠技术，只有科技养殖、巧借东风，才能赢得更大的市场。”王永利笑了起来。

渔民都爱跟他学

十年磨一剑。王永利加入科技特派员队伍这些年，他的“剑刃”已露锋芒。

让他欣慰的是，泰嘉渔业公司取得的诸多成绩都无愧于“科技”二字。泰嘉渔业公司已建成市级科技创新团队及自治区级技术创新中心，做到了集产学研为一体，真正发展成了一家科技型企业。

2016 年 12 月，王永利捧回一个大奖——农业部全国农牧渔业丰收奖农业技术推广成果奖一等奖。昔日对他持怀疑态度的养殖户纷纷前来“取经”，讨教如何引进新品种、发展新技术，并以泰嘉渔业公司为标杆。

更让他欣慰的是，公司随后的发展也没有偏离科技特派员的初心。

王永利和他的泰嘉渔业公司不仅为石嘴山市当地的生态移民提供了多个就业岗位，用实际行动响应了“精准扶贫”政策，还积极为水产养殖行业培养了技术人才，为该市从“渔业大市”发展为“渔业强市”做出了突出贡献。

在创业致富的同时，他结合国家产业政策，大胆创新，扩大生产规模，积极带动周边农民致富。2018 年年底，他带领公司员工流转土地 1530 亩（其中 70% 为闲置盐碱荒地），进行高效稻鱼综合种养试验示范，将政府拆迁给的补偿全部投入其中。

石嘴山市大武口区星海镇以发展生态水产和名优特新水产品为方向，规划建设了 7500 亩生态水产产业核心区，并依托泰嘉渔业公司建立了良种繁育中心，建设水产苗种繁育区 300 亩，使全市水产名优良种覆盖率达到 98% 以上。

星海镇水产养殖基地的建设，真正发挥了带动群众就业、促进群众增收的主渠道作用。“这都是王老师的功劳。”养殖户们提起水产养殖业的现状，都对王永利赞不绝口。

初冬，暖阳透过温棚斜铺在水面上，构成一幅岁月静好的画面。正准备张网捕鱼的渔民看见王永利来了，纷纷起身请他操作。

“王老师水平高，撒网这活儿得他来。”说起王永利，年轻的杜文华忍不住打开了话匣子。也难怪，这些年他跟着王永利干，每亩鱼池的收益从千元左右涨到了四五千元，这是以前想都不敢想的事。

致富的渔民岂止杜文华。王永利的泰嘉渔业公司吸纳固定就业工人 35 名，季节性就业人数达 75 人次，直接带动周边养殖户 500 余户，间接带动 1500 余户，养殖户人均年增收达 8000 元以上！

王永利指挥农户收网（王迎霞　摄）

“科技特派员是干啥的？要运用科技手段让渔民富起来啊。我们推广新技术，就是要让渔民少走弯路，让现有品种和养殖方式得到改变。这也是公司下一步结构调整的方向。”王永利如是说。

子承父业，培养接班人

“公司发展得一年比一年好，但我清楚我们还差得很远。”王永利摆摆手。

他谦虚，但成绩在闪光。国家级水产健康养殖示范场、国家级星创天地、国家级科技型中小企业、自治区级重点龙头企业……公司近些年各种授牌就有 10 多个。他本人也获得了自治区级优秀法人科技特派员、石嘴山市“最美人物”等多项荣誉。

“个人得再多奖也没用啊，这个行业如果不吸引年轻人，那就说明我们还是没有做好。”王永利说。发展这个产业，他是存有“私心”的。

他借助自己教师的身份和宁夏职业技术学院的师资力量、仪器设备等多方面的优势条件，将泰嘉渔业公司建设成为宁夏职业技术学院水产养殖专业的教学实训基地，为学生提供了实践平台。然而，即便是这样，这个行业对年轻人的吸引力也一直不高。

按照王永利的分析，年轻一代的择业取向受主流价值导向影响，他们中的大部分都投身公务员队伍或大中企业，或者向金融、建筑、教育等热门领域靠拢，再加上搞水产养殖非常辛苦，因此即使是“渔二代”或者水产养殖专业的学生，他们毕业后也不愿意从事这一行的相关工作，致使这个产业面临后继乏人的局面。

“我也经常问自己，‘你到底能做到什么地步？你怎样才能培育出自己的血液？’”一直平静的王永利突然激动起来。

儿子在其他行业兜兜转转好几年，在他的带动下，后来也跟着他一起养起了鱼。

王永利说起这件事，哈哈笑了起来：“很好，很好！宁夏现在搞养殖的都是我这样的‘老骨头’，年轻人太稀缺了！只有对这行产生了兴趣，年轻人才有可能一直做下去，这个产业的技术创新能力才会提高。”

他想把更多有共同愿望的渔民尤其是年轻人带入这个行业，形成规模。他的理念始终如一：只有抱团和分享，宁夏渔业才能发展得好。

秉持这一理念的王永利又在谋划一件大事：他想把自治区的养殖大户联合起来，组建一个产业联盟。

与其他农业产业相比，宁夏水产养殖业尚处于相对落后的生产状态，不但技术含量和信息化水平不高，养殖大户各自为政的现象也非常突出。

“大家各有资源，但都在重复干同样的事，这不利于产业发展，也不利于带动农民。”王永利打算在产业联盟加强“物联网 +”手段的运用，大幅提高水产养殖业的生产、管理、服务等环节的效率，促使生产方式从落后向高效转变。

为推动整个行业的进步，他希望自己能再做点实事。

> 采访手记

其实，我特别想领略王永利在学校讲台上的风采，可他却总是在鱼塘边上转悠，这是他的另一个“讲台”。

那么风度翩翩的一个人，在他最熟悉的领域，应该是博闻强识、说起话来妙趣横生，想来也是极具魅力的。可是，他偏偏又是那么不“安分”。创办渔业公司，加入科技特派员的行列，从三尺讲台走到养鱼池边，少了书生意气，多了渔民气息。

“别老提我是大学老师。我就是个养鱼的。”他笑着说。

但很少有像他这么执着的养鱼人。这些年，他不断尝试新品种养殖技术试验，失败了很多次，但最终硕果盈枝。他培育的稀罕鱼种不仅“霸占”了宁夏人的餐桌，还“游”到了西北五省区。

王永利经常跟养殖户说，养鱼是个苦差事，自己之所以大力推广新技术，就是要让宁夏渔业得到改善，就是要让渔民少走弯路、快点致富。

他最惦念的事，其实做起来很难。

不过，他想着，做，永远都比不做强，即使前路迷茫，但起码，那里有光。

杜方平

杜方平在桃岭乡龙潭村采挖野生茯苓现场
（杜方平　供图）

- 安徽省六安市金寨县人，1984 年开始学习食药用菌种植，2006 年被推选为食用菌产业科技特派员，始终以带动农民致富为己任。

- 结合当地种植生产天麻、茯苓、灵芝的特色优势，于 2007 年成立了金寨县金山寨食药用菌种植专业合作社，进一步发挥“做给农民看、带着农民干”的示范引领作用，成为当地农村产业发展的带头人。

- 先后荣获“优秀科技特派员巡讲员”“优秀科技特派员”“全国科普惠农兴村带头人”“安徽省劳动模范”等荣誉称号，当选安徽省第十二届、第十三届人大代表。2019 年 10 月，在科技特派员制度推行 20 周年总结会议上受到科技部通报表扬。

扎根红色热土，“土秀才”种出“金疙瘩”

——记科普惠农兴村带头人杜方平

（代小佩）

安徽省六安市金寨县位于皖西边缘，地处大别山腹地，面积3800多平方千米，是一片孕育了59名开国将军的红色热土，也是一个中药材飘香的地方。这里享有“中国药用菌之都”的美誉，天麻、茯苓、灵芝等中药材闻名遐迩。

作为六安市的科技特派员，杜方平这位圆脸、皮肤黝黑、留着寸头的“地道农民”，在金寨县山峦间默默耕耘近40年，带领大家在红色热土上种出了“金疙瘩”。

疫情当前，坚守不退

2020年春节，一场新冠肺炎疫情席卷中华大地。为防止疫情进一步扩散，许多乡村施行了严格的交通管制。人们像动物冬眠一般蛰居起来。安徽省六安市金寨县也不例外。杜方平却没有把自己关在家里，“我现在要用这100多斤的肉身，以及头脑中的专业实用技术，为农民做好服务”。

从2月17日开始，每天清晨天刚蒙蒙亮，杜方平就起身，把2000瓶菌种（重约一吨半）放到皮卡车上，然后独自驱车行驶在金寨县逶迤绵延的公路上，穿过迷雾中的树林，翻山越岭，把一瓶瓶菌种送到有需要的村民手中。

一天跑上两三趟，行程两三百千米，虽然路途艰辛，但车上的“通行证”给了杜方平不少信心。这张通行证可以让杜方平开车畅行于金寨县各个乡镇。在杜方平看来，通行证既是心中的荣誉，更是肩上的责任。

杜方平很清楚，特殊时期，每天出门风险很高。“疫情形势严峻，截至 2 月中旬，金寨县也已确诊了 20 多例，但菌种关系到麻农[①]一年的生计，如果我不送，很多人就会误了农时。”杜方平说。

为避免感染，杜方平和麻农有几个约定：不吃饭，不握手，不喝水，不进门，用户卸货后他立即返程，货款线上支付，不收现金。

“菌种都是按出厂价给农民，不加运费。”杜方平说，“其实，我完全可以躲在家，做一个自我隔离者就好。但看到医护人员、警察奔赴一线，我觉得自己也该做点什么。”

在杜方平的皮卡车上，还有给农民带去的手套、创可贴、喷雾器、农机配件和机油等物品。“很多人为抗击疫情捐了不少钱，我是一个农民，捐不了多少，只能尽微薄的力量，为村民搞好技术服务和种子供应。”

两杯凉开水、一碗方便面就是杜方平一天的干粮。

白天送菌种，晚上还要写报告。作为安徽省第十三届人大代表，杜方平把农民的需求记在心上，也落实在行动上。得知疫情期间农用机油、柴油、汽油短缺，杜方平就撰写报告向县疫情防控指挥部反映。令他高兴的是，报告提交后没多久，这个问题就得到了有效的解决。

① 指天麻种植户。

留在大山里的苦孩子

杜方平家中有 8 个孩子，他排行老大。由于家境贫寒，1981 年初中毕业后，年仅 15 岁的杜方平无奈放弃了升学的机会。彼时未成年，不能出去打工挣钱，杜方平心里很着急。

1984 年，杜方平从收音机里第一次了解到了食药用菌。当时，安徽大学微生物系的徐天惠要在金寨县举办关于药用菌种植的培训班，杜方平心动了："听说食药用菌本小利大，资金周转快，为了养家糊口，何不试试这条路？"

杜方平家住董山半岛，想去金寨县城听课，路途十分遥远。好在他习惯了吃苦，不怕折腾，每天从家出发，要坐船渡过梅山水库，再走 1 小时路才能到达目的地。坚持学了 7 天后，杜方平感觉入了门，就跑到当时的双河供销社的菌种厂免费给人打工，只为学习菌种的基本培育流程和方法。

技术学会了，设备又成难题。杜方平就"照葫芦画瓢"，跟左邻右舍讨要一些盐水瓶、酒瓶，把小麦、玉米、稻草粉碎做成混合培养基，跑高校买试管母种。虽然条件艰苦，可杜方平精神头很足，慢慢取得了一些成效，开办起了菌种厂。"种植的平菇 40 多天就能上市，有了收入，就能供家人吃喝，供弟妹上学。"

杜方平的厂子由于提供的菌种质量稳定，还能为客户全程提供技术指导，很快得到村民的认可。出售菌种后，他还记下每个客户的地址，以便日后去查看效果，及时改进。当时没有手机，只有一张金寨地图，他就凭着两只脚走遍了金寨的村庄。

1999 年，中国医学科学院药用植物研究所硕士生导师王秋颖作为青年志愿者帮扶金寨县，推广天麻有性繁殖新技术。当时，在人口 60 多万人的金寨县，只有 3 个人懂这个新技术，杜方平就是其中之一。于是，他成了推广这项新技术的辅导员。

没想到，技术推广工作困难重重——语言交流障碍、风俗习惯差异、自然条件恶劣。杜方平当时负责的一个示范基地位于海拔 1000 多米的金刚台上，冬天爬上去汗流浃背，衣服脱下来直冒热气。

更大的阻力来自村民的不理解。大家习惯了种植水稻、小麦和玉米等农作物，突然让他们改种中药材，他们自然心存疑虑。杜方平因此吃了不少闭门羹。

虽然举步维艰，但杜方平毫不气馁，日复一日往返于各个村落，耐心地给村民做技术辅导。

其间，他走访了 4 个乡镇中 4 个行政村的 180 户贫困户。这 4 个村分布在金寨县的 3 个方向，间隔单程都在百里以上。当时出行条件差，杜方平下乡后只能让村民骑着摩托车带着他来回跑。杜方平回忆，最艰苦的要数指导金刚台上 6 个贫困户的基地。“天气晴好时，凌晨 3 点多上山，上午 7 点多到基地开展工作，这样才能节约白天的时间。”

为了让天麻尽快变成贫困人家的“金疙瘩”，杜方平和他们同吃萝卜干、同睡稻草铺，一心扑在天麻种植技术的指导和推广上。在他的努力下，天麻基地在 4 个村建立起来，村民们也尝到了收获的甜头。

杜方平调侃自己是个“土秀才”。2006 年，他被推选为六安市科技特派员。2007 年 8 月，杜方平率先注册成立了金寨县金山寨食药用菌种植专业合作社，确定了食药用菌菌种生产、基地栽培、产品销售等流程，合作社的经营范围包括引进新品种、新技术以及技术培训。合作社成员从当初的 6 人发展到现在的 150 多人。

杜方平深入吴家店镇竹根河村朱湾组天麻大户江伟民基地考察调研天麻产业
（杜方秀 摄）

在杜方平的努力下，当地建成了120亩的天麻、茯苓、灵芝示范栽培基地和年产量达200万袋的标准菌种厂，现在已辐射带动周边200多位农民发展天麻、茯苓和灵芝的栽培，平均每户年增收8000多元。

手把手教村民

果子园乡牛畈村村民陈义波曾被人戏称为“倒霉户”。他的天麻基地在海拔近千米的大山上，不知何故，他家自己培养菌种比拿钱买别人家的还要贵。种出的天麻本该是长椭圆形或纺锤形的，但陈义波种出来的天麻却偏偏长得像马铃薯，而且折干率[②]很低，没有商品价

② 即生采回来的药材经晒干后的比重。

值，大家总笑话他一事无成。

焦急的陈义波找到了杜方平。2009 年冬，杜方平先后查看了陈义波的菌种培养室和天麻栽培基地。在陈义波的菌种培养室待了几分钟后，杜方平感到脸上有虫子在爬。经验告诉他，培养室里可能有螨虫。

螨虫既蚕食菌种，又危害培养天麻的重要菌材——蜜环菌，容易造成天麻减产甚至绝收。在杜方平的帮助下，陈义波更换了养菌室，对周围环境进行了彻底消毒，烧毁了所有带虫的废菌材，并且改冬季培菌为春夏培菌，放弃了带病麻籽。经过这一番修整，当年陈义波的天麻收入就接近 10 万元，平均每百斤菌材产出鲜天麻 30 多斤，且这些天麻个大、形好、质优，成了天麻采购商的抢手货。

此后，杜方平每年都要爬上高山给陈义波做技术指导，不仅要忍受蚊虫叮咬，还免不了遭遇蚂蟥吸血，但他并不在乎。“能看到陈义波家的天麻每年增收，我别提有多高兴了！”

这些年，杜方平帮过不少村民。一次，铁冲乡一个名叫邓延民的老人找到杜方平，说：“我们家有松树兜，想种‘茯神’[③]。”让老人没有想到的是，杜方平竟带着爱人一起，手把手教授邓延民种植“茯神”。后来，老人收获了单个几十斤的大“茯神”，卖出了好价钱，心里乐开了花。

丰收时节，邓延民得知杜方平路过他家，赶紧叫上儿子儿媳，摆了一大桌子菜，还从家里拿出一篮子鸡蛋，硬是放到杜方平的车上，“没有你的技术，就没有我‘茯神’的丰收”。

杜方平说：“一篮鸡蛋并不贵重，但这份心意让我十分感动。”

送人玫瑰，手有余香。杜方平认为自己施惠于农民，也受惠于农民。“在技术交流的过程中，我们从陌生到相识相知，深入接触，发

③ 植物茯苓菌核中夹有松根的部分，原植物多寄生在松树上。

现其中是有温度的。比如说，农民们会积极地给我们提供很多野生天麻的线索，帮助我们选育天麻良种。”

只想守在农村

有人说，杜方平喜欢“较劲”，爱管闲事。他帮流浪人员找到家人并拿到户口；安排智障贫困劳力到自家菌种厂务工……

“较劲”的背后，是他对农村和农民的深厚感情。

2010 年，杜方平响应政府号召，联合安徽大学，在金寨县实施新型农民培训。当时，每天会有几百个农民从四面八方赶来。为方便大家学习，杜方平置办了投影仪和一些凳子，还给大家准备了一些与天麻种植相关的书。

培训班结束时，杜方平发现还有十几个农民没能拿到书。尽管送书并非义务，但这事儿烙在了杜方平的心上。他挨个儿给没有领到书的农民打电话，约定好时间后，就自己开着皮卡车把书送去。

因为这些农民分散居住在相距 160 多千米的不同村庄，且从金寨县前往这些村庄的路途遥远，杜方平担心一个人开车搞不定，就把正在放暑假的女儿带上。这一次，他们凌晨 3 点左右从金寨县城出发，忙到中午，碰上暴雨。下午 5 点多，因为路途劳顿，有些疲劳，杜方平的车撞到路边的柳树上，车子的引擎盖整个被撞翻，导致水箱毁坏。所幸杜方平和女儿都没有受伤。车修好以后，他们又继续送书。

也有人说，杜方平是在作秀。他本人很少回应，“我其实不在乎别人怎么评价。拿这次疫情期间送菌种来说，一年之计在于春，农业靠天吃饭，季节不等人。而且，2020 年正是脱贫摘帽的决胜时期，不仅要帮助贫困户脱贫，还要防止返贫。所以我必须去做”。

只要有村民提出需要菌种或是技术指导，他就会风雨无阻地赶过去。“我把手机号作为服务热线发给了他们，就必须把农民的需求放在心上，必须信守承诺。”

生于农村，长于农村，杜方平几十年如一日在山沟里摸爬滚打。作为科技特派员、人大代表、创业成功的菌种厂负责人，虽然有很多机会“发财”，但杜方平依然坚守在农村，安心做一位农民。

如今，他的几个弟弟都走出了大山，晚辈们或定居大城市，或出国深造。杜方平却一直守着食药用菌这个行业，不愿意放弃。“就是这小小的菌，改变了我的命运，我对食药用菌有感情。”杜方平说，他要坚守农村一辈子，做一个新时代的合格农民。

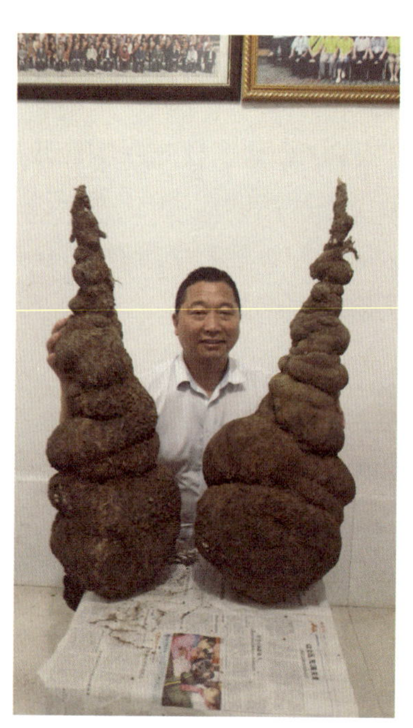

杜方平与他种植的“茯神兄弟”
（杜方平　供图）

现在，村民们看见杜方平，还是习惯称呼他为“老杜”或“杜老师”，从不担心他会摆架子，更不担忧他的电话打不通。

走在山沟里，农民们会像对待朋友一样对待杜方平，跟他说掏心窝子的话，坦率地告诉杜方平自己的苦恼和需求。杜方平憨厚地笑着说：“这是再多钱也买不来的信任和尊重。”

> 采访手记

坚守农民身份，是杜方平的骄傲。女儿毕业后参加工作之前，坐着杜方平开的皮卡车，拿着录像机拍摄，重新爬了一遍父亲曾经爬过的所有高山基地。女儿记录了杜方平的奋斗轨迹，而且在与父亲那些农民朋友交流的过程中，心灵得到净化。女儿常说：“我可以在物质上超越父亲，但精神上无法超越。”

坚守专业，是杜方平的执着。虽然只是一个初中毕业生，但他认为技术没有界限。虽然不能在学校读万卷书，但他作为科技特派员，有机会行万里路。在杜方平看来，农业科技的进步能促进解决农业生产中的问题，同时技术一定要有温度，能够带来实际用处，而不是把技术成果作为礼品、展品。

坚守善良，是杜方平的本性。在接受媒体采访时，杜方平经常被问及他曾经帮助过的一些贫困户的名字。每次杜方平都要先征求贫困户的同意。他说，这是一种尊重。“有些贫困人家的孩子自尊心强，不愿意让别人知道他们是贫困户。如果他们有任何勉强，我都不会透露他们的信息。我不能为了宣传自己的事迹而把他们当作陪衬。”

坚守初心，是杜方平的信仰。他忠实于自己所从事的工作，多次提到一句话：“一生只做一件事，并且把这件事做好。”他也常常教育孩子们：“要做实在的事，成为实在的人。不要走捷径，认准的路走到底，只要付出，必然有回报。”

杜方平说，自己不愿意停下科技特派员的工作。疫情结束后，他还打算继续投身到产业脱贫和乡村振兴的大潮中去，发挥科技特派员的光和热。

汪自强

汪自强在赴万排乡泰龙茶园的途中（焦征远　摄）

● 博士，浙江大学农业与生物技术学院教授，从教 30 余年。

● 2005 年，响应浙江省委、省政府“向欠发达乡镇派遣科技特派员”的号召，加入第三批省科技特派员队伍，服务浙江偏远山区温州市泰顺县，一待就是 15 年。

● 2013 年，获泰顺县首届杰出人才称号，为其中唯一一位非泰顺籍人才；先后获得浙江省突出贡献科技特派员、浙江省优秀科技特派员等荣誉称号。2016 年，荣获全国优秀教师称号。2018 年，荣获全国职工职业道德建设先进个人、全国科技助力精准扶贫工作先进个人的称号。2019 年 10 月，在科技特派员制度推行 20 周年总结会议上受到科技部通报表场。

科技助农十余载，论文写在浙南深山里

——记浙江科技特派员汪自强

（江　耘）

浙江温州泰顺万排乡，多山缺水少良田，农民吃饭须看天。

自 2005 年被选派为这个乡的科技特派员，浙江大学农业与生物技术学院教授汪自强跟扶贫工作较上了劲儿，每年都有 100 天左右的时间待在乡下，一顶草帽、一身下地装、一双解放鞋成了他的随身之物。

入合作社、访茶农、谈产业发展，想农民所想，急农民所急；引进新品种、传授新技术、打造新品牌，人们对汪自强的称呼很快从“汪博士”转变为“汪老师”和“老汪”。

如今的泰顺县万排乡（社区）有了甘薯无公害栽培基地、稻田养鱼等产业，很好地补充了原有的茶产业，帮助当地农民增收 10 倍。

“钱支援，物支援，最好来位特派员。”泰顺县原县委书记张洪国告诉记者，这句在泰顺山区民间流传的口头禅，体现了百姓对汪自强这样的科技特派员的殷切期盼。

博士欣然变“老汪”，坚守地头干活忙

凌晨 5 点多从杭州出发，坐 7 个多小时的大巴车到泰顺县城，再

辗转到万排乡，往往已是下午 2 点多……在汪自强帮扶泰顺县万排乡的头几年，高铁尚未开通。每次舟车劳顿后，看到当地万亩茶园的美丽画卷，汪自强便精神抖擞，他明白，这些茶园、田园承载了乡亲们的致富梦。

2005 年，刚评上正高职称的汪自强响应政府号召，赶在春耕时期，加入浙江省第三批科技特派员队伍。他离开实验室，赴浙江省最偏远的欠发达乡镇服务“三农”，就此与温州泰顺县结下了不解之缘。

“老汪第一次来的时候，我在乡政府的会议室接待了他。”万排乡农技师彭作生记得，见面交流没几句，老汪就让自己带他去地里转转。“走到上排村的稻田旁，老汪卷起裤脚就蹚了下去，跟停下锄头的农户介绍起了施农家肥的注意事项。”

搭载摩托车、三轮车、手扶拖拉机……由于学校还有教学任务，在花了 10 天时间走遍乡里的 4 个行政村和 7 个自然村后，汪自强结束了首次万排乡之行。

“那个大教授呢，是不是逃回去了？”大家揣测着。没几天，汪自强带着大包小包又回到了万排乡，包里鼓鼓囊囊装着最新培育的蔬菜、甘薯、水稻等作物的种子，他要为当地农户示范正确的种植方法。

此前，万排乡有 200 余户村民在山间田地种植甘薯，因缺乏技术、种植的品种较差，种植甘薯的人均年收入仅 1000 余元。汪自强来到万排乡一年后，当地村民种植甘薯人均年收入便大幅增长。

一次次把实验室搬到万排乡、从外界向山里引进作物新品种的同时，汪自强清楚，科技助农，必须解决阻碍当地主导产业发展的顽疾。

得益于县境内山高雾浓、气候温和的自然条件，泰顺产茶历史悠久，是全国茶叶生产优势区域之一，几乎家家户户种植茶树，不过产茶效益却一直较低。

汪自强（前右）在万排乡甘薯地指导村民（高楚清　摄）

针对当地劳动力普遍外出、采茶工严重不足的情况，汪自强决定给茶园下一剂猛药——重割茶园、改良新品、机器换人。当时，许多资深茶农，包括浙江泰龙制茶有限公司总经理谢细和，对汪自强一系列“费劲”的举措，不是特别理解。

“茶农们后来发现，从外地请采茶工也无法保证效益，又在引入机械采摘后尝到了甜头，于是茶叶机采就推广开来了。”汪自强介绍道，一台机器能顶 20 个采茶工，没过多久，万排乡 5000 多亩茶园有一半实现了茶叶机采。

“我们听从老汪的建议，改造茶树的间距和茶园的通道设置，引入机械采摘，很快，精作名优茶、机收夏秋茶的模式就在公司和万排乡推广开来了。”谢细和说，老汪还帮他选择了全新的茶叶品种，有一款“中茶 108”能较好地抵御山区的早霜、晚霜，很快成为山区茶农乐于推广的品种之一。

汪自强（右一）在泰龙茶园指导茶园机采（翁卿忠　摄）

无论种茶还是种薯，传统农业都是靠天吃饭，在自然灾害面前有时非常无助。2006 年，超强台风“桑美”登陆浙江，所到之处，农户损失惨重。等不及“桑美”离开浙江，汪自强就赶往台风第一线万排乡，查看农民受灾情况。

“‘桑美’是进入 21 世纪以来的超强台风，给我的印象非常深，据说在台风登陆点，渔船大部分是底朝天。”汪自强回忆道，自己所入驻乡村的农户大部分种植茶叶，影响不大，但种植杨梅的农户损失惨重。

汪自强急忙就此开展抢救行动，整树冠、补堆肥，争取杨梅树来年正常挂果，并将这套杨梅树恢复技术无偿传授给全县的受灾户。

经此一事，汪自强从中获得了启示——在扶农的过程中，要在预防气象灾害上做更多的工作。“比如仕阳镇垟望村的董教书，是种枇杷的大户，我特别重视帮包括他在内的果农们规避早春冻害的问题。”

“不论蔬果还是茶叶，老汪能帮的都帮。2008 年，他又在万排乡组织成立了泰顺县万排乡甘薯专业合作社，万排的甘薯种植也走向了规模化生产的道路。”仕阳镇原副镇长李元仲介绍说。

一个好汉三个帮，助推产品拓市场

“我学的是农学专业，这个专业在农科领域被戏称为‘万金油’专业，知识面宽，我一般的农业科技知识都懂一点，再加上平时也坚持学习各方面的知识，基本上能满足农村专业合作社和农民的需求。”但汪自强坦言，在泰顺遇到的问题大多是他研究领域以外的，毕竟隔行如隔山，因此他对农民们承诺——一定带着其他专家来解决问题。

2008 年，浙江大学农业技术推广中心成立，集中了农口技术应用专业的 70 多位专家教授。有了这个“大后方”，汪自强扶助泰顺的底气就更足了。

在泰顺县司前畲族镇，养蜂户严立超本想凭借一方好水土，加上个人的辛勤劳动，打响泰顺蜂业的招牌，但因为育种、防病技术跟不上等原因，放蜂收蜜效益并不理想。

“有人跟我说村里来了个浙大的汪教授，要帮我搞养蜂产业。”严立超说自己当时也就那么一听，没想到汪自强真带着浙江大学的养蜂专家来了。

筛选种蜂源、培育蜂种……汪自强请来的专家手把手教严立超如何因地制宜、因时制宜，将国际通用的养蜂科技“嫁接”到本土，并申请了专利蜂箱。

汪自强（左）查看中华蜂的生长情况（翁卿忠　摄）

2010 年，为解决蜂蜜上架流通难的问题，汪自强建议将土蜂蜜申报 QS 认证[①]。在严立超看来，一个土蜂蜜，凭着“土”“高山”等字眼就可以销售，做 QS 认证是多此一举。

第二年，行业的生产规模扩大，蜂蜜产量提高，没有 QS 认证的蜂蜜进不了市场，严立超这才认识到认证的重要性。申报 QS 认证后，从最初 100 多万元的产值，到如今 3000 万元的规模，严立超的养蜂场转变成了科技型企业。在汪自强的帮助下，严立超又陆续申请了温州市著名品牌、注册了浙江省著名商标，蜂蜜的生产一步步走向规模化。

汪自强的热忱感染着当地的农户。“文成县的养蜂户吴学友和我之前的情况很像，他到处拜师学养蜂。”严立超介绍说，“我让老吴带回去几箱种蜂，还把汪教授教我的技术分享给他，不到半年，老吴就赚了几万元。能当几回这样的‘科技中转站’，我也非常高兴。”

① 指食品生产许可认证，即现在的 SC 认证。

同样是 2010 年，汪自强得知农鑫果业专业合作社主营枇杷种植，但投入产出率低、坐果率低、冻害严重，他便带领农户申请了温州市科技局的农业科技项目，获得了 15 万元的项目资助，并研发了一套完整的大五星枇杷山地促成栽培技术。2011 年恰逢早春冻害，有了先进的实用技术，合作社农户枇杷收成一点都没减少。

扎根泰顺县 6 年多后，2012 年，汪自强在万排乡政府支起了临时住所，每月总有一周时间泡在乡间，帮助当地农户解决难题，将一身农业技术倾囊相授。

2013 年，浙江大学根据浙江省委、省政府的统一要求和部署，精心组建了浙江大学服务泰顺畜禽高效生态养殖的科技特派员团队，由畜禽养殖专家尹兆正副教授担任首席专家，除汪自强之外，团队成员还包括马有智副教授、董信阳助理研究员等 6 人。在泰顺县的相关领导看来，这是“老汪为泰顺拉来的一支科技特派团队”。

“第一次跟老汪去泰顺，我就明显感觉到老汪和村里人很熟络。”尹兆正笑道，“老汪在泰顺有口皆碑，这倒给团队不小的压力，我们得通力合作，擦亮‘科技特派员’这块牌子。”

为了泰顺的中华蜂产业，尹兆正、汪自强等不停地奔波于杭州与泰顺之间。6 年的坚守，中华蜂成了泰顺蜂农们养殖增收致富的“聚宝箱”。

近年来，尹兆正团队和汪自强一起，帮助泰顺县解决了肉鸡饲料配制、强降雨季节蛋鸡养殖应急预案、蜂蜜保鲜贮藏等诸多问题。与此同时，科特派们努力培养新型职业农民，扎实推进现代农业，帮助当地更多农业公司延长供应链、扩大产品市场。

“农业科学家的真正价值就在于为农民解决实际问题，把科学技术带进农村，把论文写在大山深处。”汪自强说。在几年帮扶工作的实践中，他和同事们对这句话的感触越来越深。

慧眼独具重培养，吾心安处是故乡

“老汪，快来帮我看看，这番薯长得怎么样？”

“老汪，中午来我家吃饭，是你引进的水稻呢！”

现如今每次来到泰顺农村，路上遇到相识的农户，汪自强都会受到热情邀请，他于 2017 年退休，因牵挂泰顺的发展，仍继续奋斗在科技特派员的岗位上。

泰顺县民风淳朴，信奉勤劳致富，当地农户尝到应用农业科技提升农产品质量的甜头后，对科技知识也越发渴求。但在汪自强眼中，还需要教会农民拿起笔杆子，培养创新意识，才能进一步做大做强农产品产业。

十多年前，在仕阳镇上宅垟村的茶园里，当地茶农从地方小叶种中发现一株茶树苗，这株茶树苗在冬季叶色特别黄，在夏季依然表现出淡黄色，其他季节生长正常。后来单株扩繁后，连野兔都特别喜欢吃它的叶子。

“野兔爱吃，可能说明茶叶营养价值高。得知这个信息后，我就到现场去察看。繁殖后的变异茶苗，叶形别致、叶色稍淡，制成的茶叶泡水后汤色黄亮，清香扑鼻。当得知农民准备将一批茶苗卖到外地时，我把他们拦住了。”汪自强回忆道，当时他就建议农户先要保护好资源。之后，他依托上宅垟村和泰顺县琪果茶叶专业合作社，提出了变异黄茶的开发建议。同时，他把茶叶样品带回学校测定，为其取了一个风趣而响亮的名字—泰上黄，并着手开展对黄茶变异株的保护和生物学特性观察以及制茶特性研究。

“我主张向科技局和有关单位申报项目，建立‘泰上黄’自有品牌，得到了乡镇和茶农的高度认可，正好当地有叶蜡石矿，品种多、品位高，逐步形成了产业链。”汪自强准备捆绑营销，打造“一软一硬”的泰顺特色名优产品，通过理念转化，“泰上黄”从低端销售转向高附加值运作，顺利出山。

泰顺县原科技局局长曾顶满说，老汪科研水平高，创新意识强，他似乎有着与众不同的视角，总能找到产品的创新开发点。

为让农民懂科学、用科学，汪自强先后举办了有专业特点的大小培训班、科普讲座 50 多场，其中大规模讲座“新农村和生态建设”全县有 560 多人参加。仅 2018 年，汪自强便在乡村巡回讲演“乡村振兴”17 场次，培养了 3 位当地的“科技二传手”和一批农民“徒弟”。

汪自强（左二）下乡讲解蔬菜栽培的关键技术（胡国军　摄）

十余年来，他每年有 80～100 天的时间在基层乡镇，每次行程来回 1000 多千米，累计跑了 20 多万千米……如今，汪自强引进泰顺田间地头的上百种农作物，正让这个“九山半水半分田”的山区变成“金山银山”。

汪自强还作为项目主持人，承担了多项省、市农业成果转化和推广项目，落实到泰顺县的项目经费达 260 多万元。

谈及为何热衷于科技特派员的工作，汪自强说道：“在我 18 岁那年，响应知识青年‘上山下乡’的号召，到金华兰溪农村成了一名知青。农村的苦让我印象深刻，后来读大学就选择了农学专业。我的‘初心’在农。我学的是农学，教的是农学，田里长的东西，都跟我的专业有关。”2003 年，作为中组部、团中央博士服务团②的成员，汪自强还曾赴宁夏工作一年，支援西部大开发。

“现在，我和农户们还经常联系，谁家有盖房、小孩上大学读书之类的喜事，常打电话通知我，这种感觉很美妙。通过科技帮扶融入乡土，其乐融融。”汪自强说，“十多年的实践，让我深深感受到，教师深入基层、服务社会大有可为。”

> 采访手记

从 2005 年开始下乡，作为浙大教授的汪自强把广阔的田野视作教学场，每年安排 80 ～ 100 天的时间待在农村，筛选优良的作物品种，传授种植技术等课程，带给农户的都是“干货”。

担任科技特派员 12 年，汪自强退休后还有一种在田间地头发挥灵感、书写论文的执着，以及与农业农民农村共成长、为科研成果落地持续工作学习的热情。

不断诠释科技创新助农的更多内涵的同时，汪自强时常回想起自己刚到泰顺的状态——每到一个乡村，就拍下公示栏上农户的联系方式，主动联系送技术上门……直到如今和农户打成一片，融入乡村大家庭，他认为自己的成就感来自农民增产丰收的喜悦。

② 博士服务团工作是支持西部等地区经济社会发展的重要措施，由中央组织部和共青团中央主管，每年从中央有关单位和东部有关省市选派博士到西部等地区服务锻炼。

在泰顺期间，汪自强最开心的事是见证了蜂农严立超从一个普通养蜂人成长为温州市最大的“蜂王”，他家的蜂蜜从没有品牌发展到成为温州市著名农产品、浙江省著名农产品和浙江名牌产品，“看到严立超的成长，我的心里真的是比蜜还甜”。

在汪自强看来，最实在的教学反馈，就是农民能拿着丰收的果实喜滋滋地换成钱，并乐于传播农业技术。当地的农技员“番薯大王”彭作生、养蜂大户严立超等人成为汪自强将优良种源、繁育技术落地泰顺的“中转站”。努力培养新型职业农民，扎实推进现代农业，这是汪自强常说常做的。

经过多年的科技特派员制度实践，无论汪自强还是浙江高校院所的其他涉农专家，或是泰顺当地，都对“农业科研必须接地气”有了更深刻的认识。汪自强认为，农村工作难做，需要大批科技特派员与农民一起长期攻坚；服务“三农”，应该有更多的农技教师结合自身优势，为乡村振兴战略贡献智慧和力量。让人欣喜的是，在浙江，还有许多资深或年轻的科技特派员活跃于田间地头、服务“三农”，共享春耕秋收的喜悦。

张青

张青在三星农业的育苗温室中查看花卉苗的长势
（马爱平　摄）

● 辽宁省农业科学院研究员，毕业于沈阳农业大学园艺系。

● 2006 年，以辽宁省农业科学院科技特派员的身份入驻海城市三星生态农业有限公司，坚守十余载。

● 获奖颇丰：2008 年获海城市“三八红旗手”，2009 年被授予全国优秀科技特派员称号，2010 年被授予全国城乡妇女岗位建功先进个人，2014 年被评为鞍山市十大杰出科技工作者，2016 年入选国家高层次人才特殊支持计划科技创业领军人才，2017 年被评为“辽宁杰出科技工作者”。2019 年 10 月，在科技特派员制度推行 20 周年总结会议上受到科技部通报表扬。

张青的
采访视频

“育种皇后”，鲜花的根深扎在泥土里

——记辽宁省农业科学院研究员张青

（马爱平　杨　仑）

快手上，“张青作物医生”经常会直播蔬菜栽培的相关实用技术和科普知识，已经坚持了两年，即使在疫情期间也是如此。在这个直播平台，张青已经吸引了 5 万名粉丝。

张青既是辽宁省农业科学院的研究员，也是海城市三星生态农业有限公司（以下简称三星农业）的总经理，更是一名企业科技特派员。她被农民朋友们亲切地称为“育种皇后”。

张青的微信名叫“阳光的味道”。人如其名，她美丽、自信、干练，无论在生活中，还是在工作中，总有令人如沐阳光的魅力，拥有着向阳的鲜花一般的幸福。这份幸福的底色，是她对农业、农村和农民深沉的爱。

张青（中）在三星农业的育苗温室中查看苗木长势（马爱平　摄）

被“八顾茅庐”感动，毅然扎根农村

“别说三顾茅庐，为了请张青，我真的是七顾、八顾都有。”三星农业的董事长李世鸿回忆起十几年前的事，颇有感慨。

彼时，张青把铁岭市作为基点，住在农村指导农户种菜，自称“蹲点”。公开授课是“蹲点”的主要工作之一，她的课堂上总有三四百名农民听得聚精会神，不肯离去。

企业家李世鸿正要做农业项目，他来到辽宁省农业科学院，希望能请专家协助。院里推荐了张青。李世鸿来到铁岭，在张青讲课的门外守候，两个半小时，课堂里一个农民也没提前退席，这坚定了他请张青“出山”的想法。

等张青解答完农民的问题，李世鸿上前谈了谈自己的想法。张青给他泼了冷水：“农业产业化投资链长，回报很慢，成功的很少，我劝你放弃。”

时隔不久，李世鸿又找到了张青，他想请张青给他的农户也做一次培训。

那年年底，张青来到海城市中小镇，寒冷的小屋里挤满了前来听课的农民。两个多小时过去了，农户们意犹未尽，没有一个人离去，围着张青问东问西。

这件事在中小镇引起了轰动，也让李世鸿佩服不已。“之前请来的老师做培训，100 个农户最后只剩下不到 10 个人坐在台下。她肯定有这个‘金刚钻’。”

李世鸿带张青到 2000 多亩田地前，说：“我准备投资建一个生态农业公司，叫‘海城市三星生态农业有限公司’。”

时逢 2006 年辽宁省开展科技特派员行动，李世鸿又一次来到辽宁省农业科学院邀请张青进驻三星农业。

李世鸿诚心所至，张青被打动了，决定“出山”，放手一搏。

很快，辽宁省农业科学院、鞍山市科技局派遣的以张青为组长的7 人科技特派组就这样进驻了三星农业。

“我们的工作分为两条主线：一条主线是科技创新，要研发出更多更好的科技成果；另一条主线是成果转化、科技服务。张青就是我们院从事成果转化、科技服务的典型代表。”辽宁省农业科学院院长隋国民表示，“张青本身就是专家，还是科技特派组的组长，我们既要发挥她本人的特长，同时也要发挥她的桥梁纽带作用，通过这个桥梁纽带，把我院其他方面的专家、技术引入企业，全力支持她的工作。整个辽宁省农业科学院都是张青同志的坚强后盾。”

为了让张青全心全意投入科技特派员工作，她进驻企业后，辽宁省农业科学院全力支持三星农业和张青的工作，在职称晋升方面优先考虑，保留了她原有的工资待遇，解决了她的后顾之忧。

风雪无阻，她认准了就全力投入

李世鸿说到做到，张青认为是对的，他就全力支持。这种信任给张青提供了施展拳脚的平台。

张青刚来企业时，面对的是毫无经验的种植户，要赢得农民的信任、让农户听企业的指挥，绝非易事。

“农民文化底子薄，遵守合同的意识差，如果有人出价高于企业的回收价格，他们可能就会出售农产品。”张青说，“有时候告诉农民不能使用高残留农药，打药要有间隔期，但他们一看见作物上有虫子，有时还是会偷偷地使用。”

张青采取了建立信任、培养意识、优化价格的方法来解决问题。“用高于市场 10% 的价格回收，让农民得到实惠。”她说。

实干一年，刚有起色，2007 年一场历史罕见的大雪让他们的心情降到了冰点。“60% 的大棚受到了大雪的影响，真是给我们迎头一棒。”张青心痛不已。

更为紧迫的是，上千万元投进去了，只见花钱，不见挣钱。张青承受了巨大的压力。

怎么办？张青决定要做高端蔬菜——免费给各单位送高端蔬菜品尝。这一举措受到了市场的欢迎，很多消费者品尝后纷纷咨询，想要购买。

“有了张青这个‘军师’，第一年企业就赢利了，真没想到。”李世鸿喜出望外。

那一年，三星农业的礼品菜一箱卖到了 100 元，开创了海城的先河，硬是让眼看就要亏损的企业赢利了。

2006 年，张青带领三星农业注册了“金万家”商标。该商标于 2007 年被评为辽宁名牌产品，2009 年被评为中国驰名商标。

“辽宁省农业科学院从事科技服务工作的历史较长，1982 年就选派了全国第一个科技副县长。在科技特派员方面，我们每年选派 400 ～ 500 名专家，组成不同专业的科技特派团，深入农村为产业服务。在科技与企业合作方面，近年来，我们扶持了 720 多家企业。企业是市场主体，是技术和产品的载体，也是连接农业生产和市场的纽带，我们通过选派科技特派团、科技特派员进驻企业，实实在在地提升了企业的产品质量、科技含量和市场竞争力。”隋国民说。

宁可辞去体制内的职位，也抛不开这片菜地

“企业一定要有‘造血’功能，要赢利。”张青开始组建试验园，全面展开从育种到销售的全链条工作。

张青引进了300余个国内外优良蔬菜品种。为了减少农民在育苗方面带来的风险和损失，三星农业组建了现代化育苗工厂及组培中心，仅通过工厂化育苗这一项技术的推广，就让亩产量提高了30%以上。

她注重长季节栽培、长货架期产品，14年育成新品种40多个，涵盖番茄、茄子、黄瓜、辣椒四大作物，很多品种具有较高的品质。她主持繁育的蔬菜新品种获得了各种荣誉和专利。

她不断壮大公司的研发队伍，公司现有科技人员78名，其中高级职称人员56人。她还规划了设施蔬菜产业链发展项目。产业链发展项目实施以来，共推广新品种20余个，推广面积累计60余万亩，培养技术服务人员60余人，培训农民10万余人次，提供优质生态型蔬菜2000余万斤，累计实现12亿元以上的产值。

了解到农村农资市场的混乱情况给农民造成了多方不便和浪费后，张青就带领三星农业建立了700家农资连锁店。这些连锁店既是销售点又是服务点，同时提供农资和技术产品，也回购农民种植的蔬菜。很快，这些90%由农民加盟的农资连锁店覆盖了辽宁省20%的设施农业市场。

2008年，三星农业开始开花结果，建设的现代化育苗工厂当年投产繁育优质种苗2000万株，销售到了辽宁省的12个地级市。

为了全身心投入科技特派员的工作中，张青辞去了辽宁省农业科学院现代园艺展示中心主任的职位。“这个企业离不开我，这里更需

要我。”张青说。

在张青的带动下，三星农业不断发展壮大，成为农业产业化国家重点龙头企业。

“一懂两爱”助农民致富

张青总是想办法帮助农民，“他们圈子小、交流对象少，需要有人关心、关注”。

张青每年分季节、分区域向全省各地区的农民及专业技术人员提供培训服务。作为辽宁省农业科学院海城分院，三星农业配合院校开展了农民技术员培训等活动，历年来累计开展各类培训 150 余次，培训人数达到 3.2 万人次；同时通过广播、电视、报纸等方式，就设施蔬菜生产技术的基础知识进行了广泛的宣传和普及；孵化农业科技创业企业 3 家，带动农户 23.8 万户，每亩增收达 3500 元以上。

三星农业成为造福一方、科技兴农、服务“三农”的标杆。三星农业掌握了适合本地区种植栽培的技术要点，开始大面积推广，推广面积已达 16 万余亩。

三星农业作为农业龙头企业被引入海城市耿庄镇后，耿庄镇发生了翻天覆地的变化。

因为三星农业的带动，耿庄镇一跃成为远近有名的富裕乡镇，商超、酒店、温泉、旅游设施一应俱全，在三星农业就业的耿庄镇村民达到了百余人。

“2012 年 9 月，我们刚来耿庄镇的时候，这里没有一家像样的餐厅，晚上 7 点之后街道就冷冷清清的。现在，饭店有四五十家，半夜两点还有营业的店铺。”张青说。

金杯银杯不如百姓的口碑，三星农业在耿庄镇人人称赞。“有一次，我去剪头发，理发师一听我是三星农业的，非要给我打五折。”张青说。

三星农业带动了整个耿庄镇的经济。公司培育的蔬菜苗让辽宁的蔬菜产业提档升速，占领了辽宁省设施蔬菜的市场。如今，三星农业走向东北三省，走向全国，在全国有 700 多家经销商，加盟农户 6 万余户，每年销售蔬菜苗 2 亿多株，多年来销售市场稳定，且从未出现过假劣苗事件。

张青（左二）在三星农业的育苗大棚查看蔬菜苗的栽培情况（马爱平　摄）

“张青是我院的一位蔬菜专家，她为人正直、爱岗敬业、工作扎实。她做了多年的农业科技工作，对农业、农民有很深的感情，有很深的‘三农’情结，是一位‘一懂两爱’[①]的农业专家。张青从事科技特派员工作十几年来，一直扎根三星农业。通过她的不懈努力，在院里的大力支持下，如今三星农业的各项工作有声有色，她在企业蔬菜育种、种苗繁育、售后服务等方面都发挥了至关重要的作用，对企业的发展做出了突出贡献，特别是通过扶持企业发展，有效带动了辽宁蔬菜产业的发展，科技特派员的作用发挥得非常突出。”隋国民说，因为张青为企业、为产业发展做出了突出贡献，辽宁省农业科学院把张青树立成一个爱岗敬业、服务产业发展的样板，引导教育全院科技人员，以此来号召、激励更多农业科技工作者深入一线、深入基层，从事科技成果转化工作。

“最开始为企业特派，未来我想为这个行业特派，更多地了解基层情况，帮助更多的农民解决当下存在的问题和未来发展中会遇到的问题。”张青说，“不离开农民、不离开土地、不离开行业，脚踏实地地服务整个行业和更多的农民，让这个产业真正得到更好的发展。”

2011 年 5 月 4 日，张青所带领的辽宁省农业科学院驻三星农业科技特派组被授予“辽宁省农村科技特派行动先进集体”称号。2019 年，在科技特派员制度推行 20 周年总结会议上，张青受到了科技部通报表扬。

> 采访手记（马爱平）

两次采访张青，时隔 8 年。第一次见张青是在 2011 年，彼时，三星农业还在海城市中小镇办公，办公环境堪称简陋，她

① 即懂农业、爱农村、爱农民。

的女儿赵依然马上就要中考了，她却不能陪伴左右。采访完，我心里直打鼓：“不知道张青能坚持多久？”

8年后，我再次见到了张青。这次，他们把公司搬到了耿庄镇，确切地说，是耿庄镇极力引进了他们的公司。做企业，并不是一帆风顺的，她是企业的掌舵者，是脚踏实地、智慧担当的实干家，她一步步摸索，勇往直前，让企业充满了科技味，拥有了竞争力。

我找到了张青坚持这么多年、越做越好的原因——这些实实在在的改变，是她和她的团队带领企业实现的，这大概是做科技特派员最大的满足感。

在很多人看来，张青即使不当科技特派员，在别的领域也会表现得非常优秀。只是干科技特派员离张青的梦想——“让越来越多的农民生活得越来越好”更近。

她的勤奋和亲力亲为得到了数十万农民的认可，经她培训过的农民都亲切地称她“张老师”“育种皇后”。这些年，她提供培训服务的地区更是拓展到了辽宁省外，足迹遍布全国各地。

三星农业不仅成为辽宁省蔬菜育种全产业链的龙头企业，还带动耿庄镇脱贫致富，公司经营的酒店、温泉、采摘园、旅游观光设施一应俱全。在采访中，我经常看到旅游公司带着各地游客到此住宿、游览，还有很多游客是自驾前来。我接触到的在三星农业工作的员工大多是当地的村民，他们无论是精神面貌还是言谈举止，都显得非常自信、阳光。

为了让更多农民了解蔬菜科学栽培的知识，张青紧随潮流，在快手、抖音开通了账号，定期直播，粉丝达数万人，她成了

“网红”主播。在疫情期间，她更是成了农民朋友的“贴心人”，打通了实用农业技术科普培训的“最后一公里”。这朵鲜花的根，扎得更深了。

务　　实

讲实效鼓钱袋 致富路贴心人

农业技术不该是孤芳自赏，科技下乡不只有定点扶贫。

高位嫁接、营养到根，

他们畅通了田垄阡陌的毛细血管，让良种播撒广袤大地；

农村蜕变、农业升级，

他们冲锋在山乡海岛的每寸土地，让农技浇灌致富之花。

谋天时、应地利、视人情，“对症下药”，

“顶天”的科技终于深深扎入泥土。

陈思宇

陈思宇在龙泉市市长助理办公室内与人交流、工作
（张盖伦　摄）

● 浙江农林大学副教授。2015 年，被浙江省龙泉市以高端人才“柔性引智”的方式聘任为市长助理，主要负责龙泉市竹木产业转型升级和技术革新工作。

● 为帮助龙泉市的竹木加工产业顺利度过转型升级的攻坚阶段，踏遍龙泉市八镇七乡四街道，走访调研了 600 余家企业，为政府出台竹木产业相关政策提供了决策参考。他被当地竹木企业家称作“娘家人”“及时雨”。

● 2019 年 10 月，在科技特派员制度推行 20 周年总结会议上受到科技部通报表扬。

竹木产业觅知音，外来客变身“娘家人”

——记浙江龙泉科技特派员陈思宇

（张盖伦）

3 天时间，有六七个人问了陈思宇同样的问题——还留不留？连问的步骤和口气都如出一辙。握手，拍肩或拥抱，头凑过去，打探朋友的近况：“怎么样，还留不留？”

陈思宇本应只是浙江龙泉的过客，和这里结一场为期两年的缘分。但“科技特派员 + 市长助理”的身份，让他和龙泉的“瓜葛”越来越深。

把日子过成绷紧的弦

陈思宇生于 1980 年，是浙江农林大学的副教授。来龙泉 4 年，他将日子过成一根绷紧的弦：几乎没去过电影院，没怎么逛过街，他住的单身公寓里的电视只有孩子来小住时才会打开。

2014 年，作为浙江农林大学派出的省级科技特派员，陈思宇来到了浙江丽水云和县，为当地木制玩具企业带去了有针对性的服务。2015 年，他又被龙泉市以高端人才“柔性引智”的方式聘任为产业首席专家，成了市长助理，负责龙泉市竹木产业转型升级和技术革新工作。同时，他也是龙泉市的科技特派员。

“当时想的比较简单，觉得这是一个不错的锻炼平台，可以接触企业，也能推动研究成果的转化。”陈思宇家在杭州，从杭州到龙泉，单程就达 400 千米。他一度过上了双城生活——周一到周五在龙泉，周末回家。“至于我能做到什么程度，当时也没有想太多，尽力而为。”

政府用车平台的司机老周成了陈思宇的战友，载着他四处跑。两人待在一起的时间，比陪伴家人的时间还要多。

陈思宇的两个儿子主要由妻子全职在家照顾。只有在假期，孩子们才会来龙泉，享受一下近乎奢侈的亲子时光。平时如果有机会回家，实在来不及准备，陈思宇就在高速公路的服务区买点小零食，带回去给孩子们当礼物。

他说，如果要给自己的家庭责任履行情况打分，那一定是不及格。但陈思宇的妻子在视频电话里，依然夸他踏实肯干、勤奋靠谱，是孩子们的榜样。

陈思宇在工作之余与家人视频（张盖伦　摄）

老周把陈思宇的忙碌和疲惫看在眼里。他的电话总是在响，每一个电话都会将他拽向不同的身份：市长助理、老师、特派员……有时拉开车门坐进来，陈思宇第一句话就是“哎，累死了”。

老周记得，到龙泉的头一个月，陈思宇几乎每天都在调研，走访了龙泉的八镇七乡四街道。他要以最快的速度了解这个“毛竹之乡”，摸清现状，才能开出“药方”。

陈思宇在龙泉的农业基地（张盖伦　摄）

爱操心的市长助理

龙泉竹木资源丰富，堪称“毛竹之乡”，拥有竹林 61 万亩，但一度面临“一产优、二产弱、三产无”的问题。陈思宇调研时，又恰逢龙泉市环境综合整治，不少违法搭建、存在生产安全隐患的家庭作坊式粗加工厂被拆除或被要求整改。可以说，竹木加工产业到了转型升级的攻坚阶段。

2015 年 12 月，陈思宇写了一份 6 页的报告，列出了竹木产业存在的四大问题和解决方案，还额外给出了 6 条建议。“我是开门见山，上来就是‘问题一’‘问题二’……”当时的市领导在他的 6 页报告上逐一做了批示——“请环保局组织技术攻关”“请科技局、林业局研究”“请旅游局、教育局推动”……陈思宇没想到，自己这份格式并不标准的报告能得到这样的重视，很多设想也在之后逐一实现。

他最骄傲的，是推动了龙泉市竹木产业协会的成立，整合了以前的竹胶板、太阳伞等 7 个大大小小的分会，整合资源，共享信息，把分散的甚至是相互竞争的力量联合了起来。

“拉拢”这些企业并不容易，让以前的 7 个分会放弃各自的“小九九”，也需要一家家去“磨”、去谈。“一碗水得端平，不管分会规模大小，都要尊重他们”，对此，陈思宇颇有心得。

一次，当地两家竹木企业的老总因故争执了起来，撂下话来要打价格战。陈思宇知道了这个情况，当天半夜赶去调解。“内耗算怎么回事？这会影响产业生态。”陈思宇是第三方，有威信，也有公信力，大家知道他不会拉偏架。在他的调解和帮助下，问题顺利解决了。

企业要是有问题打来电话，问市长助理能不能来看一看，陈思宇一定到场，就算到场不能解决问题，也会及时表明态度。

这也意味着陈思宇实在要操很多心。

陈思宇对自己的定位是桥梁和纽带。作为大学老师，他利用自身的视野和资源帮企业解决信息不对称的问题。他帮那些从没写过申请书的企业申报重大科技项目；带当地的企业到外地考察、搞业务对接；请有实战经验的专家到龙泉给企业家和员工开培训班；联合高校在当地办竹木产品设计大赛……

企业家写联名信留他

2017 年的一封信触动了龙泉市常务副市长熊勇军。

那时，陈思宇第一任市长助理届满。竹木产业协会 20 余位副会长代表 400 余家竹木企业联名给浙江农林大学写信：“恳切希望得到贵校的继续支持与援助，让陈思宇同志继续留任龙泉工作一段时间。”

熊勇军回忆着，摩挲着手，深吸一口气：“真的很敬佩他，他能得到这么多企业的认可。我们都要向他看齐。”

其实，陈思宇刚来时，市里只期待这个知识分子能给竹木产业带来一些新理论、新观念。“没要求他发挥很大作用，毕竟他是挂职的，对他像对客人一样，大家客客气气的。”熊勇军说得很坦诚。但渐渐地，他们发现，陈思宇是真的在做事，“兢兢业业，一点儿也不含糊”。

那封联名信也让陈思宇很震惊。“这是很古老的一种形式，”陈思宇说，“两个字，感谢。”

写联名信算是企业为数不多的瞒着陈思宇的事情之一。毕竟，对协会里大多数企业的动态，陈思宇都门儿清。

2018 年开始，陈思宇在学校的艺术设计学院担任副院长一职，行政工作多了，他只能在双休日的时候去龙泉。不过，他时时心系龙泉：“就算我在杭州待几个月，他们这里有什么事情，我也都知道。”

某天晚上，一天的正式工作已经结束。陈思宇像其他龙泉人一样，找了熟悉的朋友喝茶。

龙泉人爱喝茶，茶具一摆，茶水一煮，气氛轻松。

接近晚 9 时，桌上的手机响了起来。

这次是龙泉一家竹木企业的老板，姓胡。胡老板很着急，事情在电话里说不清，陈思宇就约胡老板来当面聊。

十几分钟后，胡老板来了，揣着满腹的心事。陈思宇招呼他喝茶，聊起了他关心的炭气联产项目。

陈思宇一条条地为他分析，需要考虑哪些问题、掌握哪些数据，能找谁了解这些数据，用地情况要怎么算，管道要怎么建……“光盯着你的竹子怎么行嘛？”谈话结束时，陈思宇笑着提醒了一句。胡老板点点头。

4 年来，陈思宇去过龙泉 600 余家企业。他眼里的企业不分大小，都很重要。和企业家相处的秘诀是走心。“走心，他们才讲真话。摆领导或知识分子的谱，人家防着你、不信你。但面对朋友，他们就会恳切地倒苦水。”“制定政策的人一定要对产业非常熟悉，不然就是人云亦云。”

陈思宇和企业家总有太多话题可以聊。

在这些企业家的心中，陈老师是知识分子，自己能有一个知识分子兄弟，那是一种荣幸。陈思宇敬重这些企业家。他不止一次地感慨，龙泉的企业家们都很聪明、很努力。很多东西，他们只是受到了视野和思维惯性的局限，有人给他们稍微点拨一两句，他们就会豁然开朗。

陈思宇（右）在一家竹木加工企业的新厂房叮嘱消防安全问题（张盖伦 摄）

“我们龙泉把他耽误了”

陈思宇就是那个经常能给龙泉的企业家点拨一两句的人。

他的资源积累以及身后整个浙江农林大学的智慧，都是龙泉竹木产业发展的养分。

2019 年 10 月，科技部在北京举行科技特派员制度推行 20 周年总结会议，在大会上表彰了 92 位科技特派员，陈思宇就是其中之一。

陈思宇知道，自己这个科特派和其他科特派不太一样：有市长助理的身份，有更广阔的平台，能调动更多资源，可以把竹木产业放在龙泉发展的大局中去思考。

陈思宇拿过很多奖。但熊勇军却觉得，对陈思宇个人而言，在龙泉工作的这几年，肯定是有损失的。

他把那些陈思宇不跟外人谈的损失也“抖落”了出来。

一个是钱。陈思宇团队和龙泉合作开展的项目，不收任何项目费用。

还有一个，是职称。

陈思宇的职称是扎在熊勇军心中的刺。“这么好的老师，没评上教授。我们龙泉把他耽误了。”熊勇军叹息着摇头。

浙江农林大学评教授的要求之一，是必须去国外进修。陈思宇其他所有的指标都满足教授评选的条件，但他没时间出国进修。

“不能让扎根基层的人吃亏！”熊勇军近乎急切地替陈思宇呼吁，“他们科技特派员在我们这里发挥了巨大的作用。”

其实 2016 年，陈思宇已经准备好了要出国。但那时龙泉的竹木产业刚有起色，正在向好发展，他放不下这副重担。这么一耽搁就是好几年。“说实话，到了这个年纪，也有点焦虑，总觉得心里有点事。”但陈思宇还是一句话带过了这点“小损失”。他现在正在忙的是龙泉市的森林经济融合体项目。一、二、三产业联动，建设集循环林业、创意林业、林业科普三大核心功能于一体的森林经济融合体，全力打造“两山”理论[①]转化实践示范地、森林经济综合展示地。

浙江农林大学也在龙泉建立了科技特派员工作站。学校和城市的合作由点向面发展，由单一产业向多领域延伸。校方说，学校将以科技特派员工作站为平台，进一步深化科技合作，积极投身龙泉市特色产业升级、精品农业提质、主导产业增效等方面的工作，全力助推龙泉市经济优质快速发展。

① 即绿水青山就是金山银山。

“人嘛，会调动，但企业一直会在。企业在，我们的服务就永远会在。”陈思宇相信，无论身份怎么改变，他都会以自己的方式来建设“他的”龙泉。

是的，陈思宇算是龙泉人了。在2019年龙泉召开的第二届世界青瓷大会上，他拿到了证书，成了龙泉的荣誉市民。

> 采访手记

用陈思宇的话说，他是个非典型科技特派员。

采访中有一个很小的细节。一天晚上吃完饭，我们和陈思宇走在路上。迎面过来一人，陈思宇恰好认识，寒暄几句之后，对方就硬要把自己刚买的橘子塞几个给他。

那人走后，陈思宇跟我们说，他家人做青瓷很厉害。

陈思宇不光了解龙泉的竹木产业。龙泉以竹木、青瓷和宝剑闻名，对这三样，他说起来都头头是道。他不止一次地感慨，龙泉是一座值得深入体验和品味的城市，有很深的文化底蕴。

他喜欢这个地方。把科特派的工作干好，把市长助理当好，对他来说，这是一份责任，甚至是一种信念。

对龙泉来说，陈思宇本是个外来客。对企业家来说，陈思宇本是个听起来不太接地气的大学老师。但仅仅4年时间，陈思宇成了龙泉的荣誉市民，也成了当地企业家的“娘家人”。

用真心、跑得多，才能真正了解产业现状；知道企业家心中的“小九九”，听他们说那些掏心窝子的话，找到问题的症结所在，才能真正给企业的发展开出药方。陈思宇利用自己市长助理的身份，为企业搭建平台、整合资源，带企业家申请他们此前从来没想过、没接触过的科技项目。陈思宇站在产业的层面思考问题，考虑一、二、三产业联动，考虑怎样用竹木产品特色，来更好地带动龙泉一线竹农的增收。他还将学校的科研资源带给了龙泉。

如果真的要用某种科技特派员类型来界定陈思宇，他倒更像是在浙江丽水（龙泉市为丽水市代管的县级市）已经服务了好几年的工业科技特派员。

小城丽水经济并不发达，交通也没有那么便利，相对而言创新成本高、人才留住难，一些企业在产业转型升级、产品技术研发过程中，感觉到“心有余而力不足”，有的甚至错失了转型良机，失去了抢占市场的先机。种种困局，症结无外乎“人才”二字。于是，工业科技特派员制度应运而生。

这种模式是政府“搭台”、企业“编剧”、特派员“唱戏”，三方联动，打通校企合作通道，解决企业科研需求。一个专家背后，是一支团队。不来虚的，出的都是实招、硬招，做的就是答疑、解惑。

其实，如何界定陈思宇的身份，是老师、是市长助理，还是科特派，都不是那么重要。他将自己的知识、视野、资源和当地的企业需求适配，真刀真枪地给当地竹木产业带来新面貌，给老百姓带来实惠，从而赢得了口碑。

田孟良

田孟良（左）在雅安市宝兴县察看赤芍的种植情况
（四川农业大学党委宣传部　供图）

- 四川农业大学教授、博士生导师。从 2010 年开始，作为科技特派员在四川雅安市宝兴县发展中药材产业，2015 年到广元市旺苍县扶贫，其足迹遍布四川省 183 个县（市、区）中的 181 个，帮助地方发展产业，带动农民脱贫致富。
- 入选雅安市 2011 年度“十大经济人物”，荣获四川农业大学“十大扶贫先进个人”。先后主持各项科研课题 20 余项，获国家发明专利十余项，主持的项目获四川省科学技术进步奖二等奖、三等奖各 1 项。2019 年 10 月，在科技特派员制度推行 20 周年总结会议上受到科技部通报表扬。

走遍 181 个县，把中药材写进扶贫“方子”

——记四川中药材专家田孟良

（盛　利）

“不是在扶贫的村中，就是在去扶贫村的路上。”自 2009 年深入四川贫困一线以来，哪里有中药材种植，哪里就有科技特派员田孟良扶贫的身影。他用 10 年时间走遍了四川省 183 个县（市、区）中的 181 个，扶贫脚步踏遍四川四大连片贫困地区。仅在旺苍县贫困村扶贫的两年里，他的行程就超过 10 万千米。

“我从不觉得辛苦，被农民需要是一种幸福。”在田孟良看来，农业技术不应是孤芳自赏的艺术品，它有多大意义，得看能不能解决实际生产问题。作为一名农业科技工作者，就应该深入一线，将自己的研究与生产实践结合起来，用特色产业切实带动乡村脱贫致富。

放弃名校访学，要解决农业实际生产问题

2001 年，田孟良从四川农业大学硕士毕业留校后，便一直致力于中药材研究。一次，他到四川西部山区考察中药材资源的分布情况，看到当地农民大都还在用原始的方式进行农业生产，深受触动，心底埋下了开展技术扶贫的种子。

2009 年，已经积累了丰富研究经验的田孟良成功申请公派访学，准备去往农业领域的顶级名校美国康奈尔大学学习。通过了外语培

训，安顿好了国内各项事宜，一切都准备就绪，这时，一个电话改变了他的人生轨迹。

四川宝兴中药材资源丰富，是川牛膝种植的优生区域，但由于没有中药材领域的专家指导，当地粗放的种植方式严重制约了产业的发展。在宝兴县对中药材产业进行调研的省科技厅领导给四川农业大学打电话，希望得到支持。校领导了解情况后，立刻就想到中药材专家田孟良。

接到电话时，田孟良有些犹豫，一边是奋斗多年换来的名校访学机会，一边是自己长久以来科技扶贫的夙愿。静静地思考了一会儿，想起在汶川地震后参与四川农业大学对口帮扶时看到的一幅幅农村百废待兴的场景，他埋藏于心底的那颗扶贫种子破土而出。

田孟良被选为宝兴县“专家大院”的首席专家，并挂职科技副县长。他带着团队开展应用研究，用 6 年时间选育出新品种“宝膝 1 号”，并配套推广标准化种植方法，结束了宝兴长期以来川牛膝种质混杂、无优良新品种推广的历史。

那几年里，田孟良绝大部分时间都与农民生活在一起，真切感受到他们对美好生活的强烈向往，以及对农业技术的旺盛需求。

“农民非常淳朴善良，但有些居心叵测的人就利用这种善良，卖劣质种子给农民，让他们辛辛苦苦两三年却什么都得不到。”对此，田孟良深感痛恨，越发体会到作为一名农业科技工作者肩负的责任和使命。

“像采用优良品种和实行规范栽培、防治病虫害这些技术并不复杂，只是缺人真正深入一线去推广。”田孟良更加坚定了信念，随后把研究重心调整到了解决农业实际生产的问题上。

到 2015 年，宝兴县已建成全国川牛膝种植标准化示范区，宝兴川牛膝也通过国家地理标志保护认证，市场认可度大大提升，收购价格和药农种植收益都比原来高了近一倍。

以前农户种了几年药材，收入还不如外出打工的三分之一。现在不仅农民更愿意留在农村种药材，很多外出打工的人也回家种植药材了。受益于田孟良的技术，宝兴全县川牛膝种植户基本实现了脱贫。

反复说，亲自做，这个县长和村民打成一片

初春，宝兴的田间地头，田孟良与村民围蹲在一起，一边讲述着种植中要注意的问题，一边和村民闲谈起生活日常，聊起家里发生的变化。

“田县长巴适[①]，靠得住！”在村民眼里，田孟良像一个老朋友，说什么他们都愿意相信。

但在田孟良刚进村扶贫时，情况并非如此。最初，田孟良想当然地用一些专业语言与村民交流，推广农业技术。“本以为是一件很容易的事，但村民很难听进去，他们觉得你只知道读书，说得好但不中用。”田孟良一进村，遇到最大的困难就是村民不相信自己。

田孟良开始反思，告诉自己应该接地气，与村民打成一片，用村民听得懂的话讲方法。于是，他挨家挨户地跟村民聊天，学他们的方言，关心他们的诉求。到宝兴县两个月，他就把县里所有村都走遍了。

其实田孟良性格内向，每次与村民聊天都有些紧张。“我闷头做研究还行，但和村民们沟通时的确需要克服内心障碍，好几次我都因为紧张不知道话该怎么开头。”回想起当初那段经历，田孟良有些不好意思。

① 四川话，很好的意思。

慢慢地，田孟良和村民们熟络起来，走在路上常常听到村民招呼“田县长”，坐在长凳上随口就能唠家常。田孟良说的种植技术，村民们也愿意听、听得懂了。

为了让村民真正做到科学种植，田孟良事无巨细地解释每一个技术环节。若反复说村民仍理解不了，他就挽起裤脚、操起锄头下地示范。“田县长很辛苦，我们种中药材都是他手把手教才上道的！”宝兴县村民杨国清很是感激。

随着走访的乡村越来越多，田孟良指导的品种也越来越多，常常会碰到自己不熟悉的特殊品种。“中药材的品种有上万个，一个专家最多弄懂 10 个就不得了了，而且每个村的条件不一样，种的品种也不同。”在田孟良看来，自己和农民其实是互相学习，“他们看得起我，我就得对他们负责。”

田孟良（左一）在凉山州雷波县指导村民进行中药材重楼等的病害防治（四川农业大学党委宣传部　供图）

一次，有药农问一个特殊品种的种植问题，田孟良拿不准，现场看了后回去查阅各种资料，打电话咨询了好几位专家同行，综合各方意见，才敢给农民回话。

与农民成了老朋友，田孟良却对家人很是愧疚。他一直在外奔波，很少有时间回家陪老婆和孩子。“有好几次，小孩过生日，我还在赶往乡下的路上，想起来有点心酸。”

打造产业集群，让红利惠及更多人

田孟良是四川遂宁人，却在四川藏区长大。20 世纪 70 年代，父亲大学毕业后申请到四川藏族聚居区工作，田孟良便在这里度过了他的少年时代。“我是在这儿长大的孩子，始终觉得要帮助这儿的人解决贫困问题，有一种情怀。”田孟良说。

2013 年以来，田孟良到四川藏族聚居区的次数多了，扶贫重心也逐渐转移到这里。他逐渐发现，这里的贫困程度深，许多资源优势完全没被发掘出来。

四川金川县卡拉脚乡玛目都村曾是高原特困村（已于 2017 年“摘帽”），长期种植土豆、玉米。田孟良作为科技特派员刚到这里时，这个 300 多人的村子人均年收入仅 2000 元。为早日脱贫，村里成立了合作社，组织农民种植中药材，但因为缺乏专业技术，效果并不理想。田孟良的到来让村民看到了脱贫的希望。

在实地考察和与村民的交流中，田孟良发现村里的土地本来就少，大量种植的果树又挤占土地，不利于高原中藏药材的人工栽培。在他的建议下，村里开始推广林下经济，实行果药复合种植，在果树下套种中药材，既能充分利用当地光能、热能和土壤资源，同时通过生物学特性互补，可以实现优质、高效的农业生产。

玛目都村地处雪域高原，风景如画，五彩缤纷的果树和观赏性强的中药材都是画中独特的点缀。田孟良借此打造农业观光点，帮助玛目都村建立起“农旅结合”的特色花卉示范带，为当地带来了旅游效益。

在田孟良的指导下，玛目都村形成了以高原中藏药材人工栽培及野生抚育示范基地、高原特色水果示范园、“农旅结合”特色花卉示范带等为龙头的扶贫产业集群，村民人均年收入超过 5000 元，大家都对田孟良竖起了大拇指。

“除了教给农民基本的种植技术和方法，还得从产业规划、市场营销等各个环节对贫困村深度扶助，使农民能够自主‘造血’。”扶贫多年，田孟良总结出自己的一套“产业扶贫经”。在他看来，可选择当地一个有高经济价值的作物品种，深挖其产品附加值，发展产地加工业和文化特色旅游业，形成一、二、三产业联动的良性循环。

2019 年 11 月，田孟良团队又完成了一份关于四川省中药材产业高质量发展建议的调研报告，这份受到省领导高度重视的报告凝练了田孟良 10 年来在 181 个县（市、区）扶贫调研的经验，也汇集了他对日后产业扶贫的思考。

“以前主要在搞个体扶贫，帮助几户人、几个村脱贫容易，但对具备中藏药材种植优势的县域甚至市域，如何将特色产业做大做强，并让红利惠及千家万户，是我近两年思考最多的问题。”田孟良说，他将更多地从更高层面、宏观上进行扶贫思考，既抓大又抓小，最大限度地服务产业发展，助推乡村振兴。

传薪播火，培育农业生产好苗子

“田老师，希望你还能再回来带我们发展产业。”2019 年某天晚上，田孟良的微信朋友圈收到好几条留言，都来自他以前帮助过的脱贫农户。他们语言朴实却情真意切。田孟良被感动了："我做了十年扶贫工作，在这些地方真正做了事。农民觉得你是个干实事的人，能够记得你。在这条路上走下去，我觉得很值得。"

在扶贫这条路上走得越远，田孟良越发觉得一个人的力量始终是有限的："一个地方的产业要想长足发展，不能仅仅靠两三个大学教授时不时来村里做指导，还得靠教育，培养懂技术、能扎根的年轻人持续带动整个村子的产业发展。"

但现实很残酷。外乡人不愿意来贫困村做产业，当地受过教育的年轻人很多出去就不愿回来了。"这群人其实是可以留住的，他们的根在那里，对家乡有感情，如果加以引导和培养，是做农业产业的好苗子。"田孟良说。

为此，田孟良依托四川藏族聚居区"9+3"免费教育计划②，借助四川农业大学的资源优势，与一些职业技术学校合作，从这些学校里遴选出对农业感兴趣的藏族聚居区的学生，由四川农业大学选派教师亲手指导，开展农业种植技术、水产养殖方法和电子商务等农业实用技术培训，并在毕业后给予一定的创业资金，帮助他们回乡创业。

2019 年，这项计划已经在阿坝州的金川县和小金县正式启动，一批将带领当地脱贫致富的人才"种子"正逐渐孕育出来。

雷坤鹏是田孟良指导的学生。为帮他更清楚地了解农业产业，田孟良把他送到农业公司实习。雷坤鹏经历了从种植技术到市场对接等整个产业链的全方位实习。2019 年 6 月从成都市郫都区友爱职业技术学校毕业后，他拿着 2 万元的创业资金回到家乡——阿坝州金川县河西乡甲咱村，学以致用，带着全村发展紫色马铃薯特色产业。

② 即免费中等职业教育计划。2009 年，四川省委、省政府启动实施了藏族聚居区免费中等职业教育计划，积极组织藏族聚居区的初中毕业生和未升学的高中毕业生免费接受 3 年中等职业教育。

田孟良（前排右一）作为学校代表，在阿坝州小金县夹金村为“9+3”免费教育计划资助的学生捐赠创业扶贫资金（四川农业大学党委宣传部　供图）

“我没想过要做出多大的事，我只希望通过量身打造农业技术员这种方式，每年哪怕培养一个孩子，长期做下去，我们就可以在藏族聚居区培养十几个孩子出来，像星火燎原一样，带动藏族聚居区产业一片片地发展。”田孟良说，这条路或许很漫长，但他相信路的尽头一定是繁花盛开。

> 采访手记

约访田孟良时正值春耕时节，他几天连跑好几个村，从早到晚都在田间地头忙，指导农民进行农业生产，能抽出时间交流实在不易。“季节不等人，不亲眼到现场看看，总是不放心。”他说。

作为科技特派员参与扶贫工作以来，认真负责的田孟良大部分时间都在崇山峻岭间穿梭，常常清晨出发，深夜才住下。

辛苦是肯定的，但田孟良从来没有后悔过自己的选择。他享受在山区行走的乐趣，享受看到脱贫的农民脸上笑容的满足，享受培养的一个个年轻人正尽心尽力地带动家乡发展致富所带来的成就感。

对田孟良而言，他帮扶的村子富了，就是对他最大的赞美。

在与田孟良交流的过程中，我时刻感受到他话语里流露出的对扶贫工作的那份热爱与热情，也清晰地感受到，基于长期在一线累积的扶贫经验，他已建构起自己的一套带领乡村脱贫致富的扶贫体系。

2019 年以来，田孟良思考的扶贫格局越发宏大，目光从带动几户人家、几个村脱贫致富，放大到帮助一个县域、市域的中藏药材产业发展壮大。对未来乡村脱贫致富振兴之路如何越走越宽，他俨然已在做更深层次的思考和规划。

四川是全国扶贫任务最重的省份之一，特别是甘孜、阿坝、凉山等深度贫困地区扶贫任务严峻。在四川，像田孟良这样深入扶贫一线的科技特派员有 1000 余名，涉及多家科研院所。他们与农民面对面，将农业技术从书本带向实践，带领贫困地区农民发展产业，脱贫致富。

正因为有“田孟良们”在脱贫攻坚一线的辛勤付出，川西山区丰富而独特的资源优势被充分挖掘，生猪、猕猴桃、青花椒、中药材等一大批特色产业涌现出来，越来越多产业扶贫致富的种子在川西沃土上开花结果。

（陶玉祥、周华强对本文亦有贡献）

玉山江·麦麦提

玉山江·麦麦提（右一）在喀什疏勒县库木西力克乡15村指导村民科学种植甜瓜（玉山江·麦麦提 供图）

- 维吾尔族，新疆农业科学院植物保护研究所副研究员、博士。2012年9月通过高层次人才引进项目来到新疆农业科学院植物保护研究所，加入哈密瓜病虫害防治研究团队。

- 他以科技服务为契机，开展以“充分发挥科学普及抵御宗教极端思想的重要作用”等为主题的系列宣讲活动，着力提高农民科学素质，利用少数民族科技人员语言上的优势，讲解党的惠农政策，宣传“民族团结一家亲”活动取得的成效和给人民生活带来的变化，号召村民听党的话、跟党走，学科学、爱科学、用科学，用知识去建设美好家园。

- 2019年10月，在科技特派员制度推行20周年总结会议上受到科技部通报表扬。

当好喀什农民的贴心人，“甜瓜”博士帮乡亲们斩穷根

——记维吾尔族科技特派员玉山江·麦麦提

（马爱平）

“我是一步一步从农村走出来，读大学，然后读了博士。现在新疆从幼儿园到高中，都实行免费教育。让娃娃们好好读书，也能读个博士。”

“大家看看身边的变化，看看眼前的柏油路、防渗渠、改造好的庭院，党的政策好不好？给咱们村里带来了多大的变化？”

…………

2018 年春天，喀什疏勒县的田地里，新疆农业科学院植物保护研究所副研究员玉山江·麦麦提博士看有些农民还没有聚齐，就抓紧时间，在技术培训开始前，结合自己的成长经历，宣传党的好政策，牢牢地吸引了在场的乡亲们。

玉山江·麦麦提，2012 年 7 月毕业于中国农业科学院植物保护研究所，2012 年 9 月，通过高层次人才引进项目，来到了新疆农业科学院植物保护研究所，加入哈密瓜病虫害防治研究团队。

“作为一名共产党员，在思想上、政治上、行动上，我必须与党中央保持一致。作为一名土生土长的新疆娃和少数民族博士，我深知民族团结和社会稳定的重要性，在实际工作中，我时刻关注基层少数民族农民的需求，努力向少数民族贫困地区的群众普及科学知识，宣传党的各项惠农政策。希望通过针对少数民族地区的科技培训和推广，改善当地农民的生活条件，传播正能量，为大美新疆贡献自己的

一份力量。”玉山江・麦麦提说。

玉山江・麦麦提（左中）在和田民丰县安迪尔乡指导村民科学地进行甜瓜田间管理（玉山江・麦麦提　供图）

因为专业，他成了瓜农的引路人

2017 年 3 月，玉山江・麦麦提到喀什疏勒县英阿瓦提乡进行甜瓜病虫害防治方面的技术培训。

新疆维吾尔自治区办公厅驻英阿瓦提乡喀拉亚村工作队队长凯撒尔・麦麦提期盼地问玉山江・麦麦提：“我们村可不可以种甜瓜？”

“当然可以，但新疆甜瓜生产过程中病虫害严重，关键技术措施落实不到位，甜瓜价格波动大，要先解决这些问题。”玉山江・麦麦提说。

聊完以后，他们立即开始分头干起来，玉山江·麦麦提负责技术指导，凯撒尔·麦麦提负责组织农民生产和销售。

1个月后，在该工作队的支持下，喀拉亚村建立了“科技助力精准扶贫示范点”。

“我们组织农民种植‘金凤凰’甜瓜品种，建立了70亩的绿色甜瓜种植示范点；同时，农民与上海塔源食品贸易有限公司①签了以每公斤3.5元的价格销售甜瓜的协议。”玉山江·麦麦提说，这是英阿瓦提乡第一次采取订单模式种植甜瓜。

从选择品种、耕地、播种、田间管理、病虫害防治到销售，玉山江·麦麦提事无巨细地进行指导，农民跟着他学习各个环节的技术。

通过面对面的技术服务模式，玉山江·麦麦提采取预防为主、综合防治的措施，使甜瓜白粉病、霜霉病、蔓枯病等主要病害消减了95%以上。

他还采取无化肥、无农药的种植方式，使甜瓜中心的含糖度达到16%以上，为生产有机甜瓜打好了基础。这样的一亩地，甜瓜产量超过1480公斤。

“在玉山江·麦麦提的指导下，我们一亩地甜瓜的销售额达到约5200元，纯收入达到4500元左右。”凯撒尔·麦麦提激动地说。

真金白银拿到手后，乡亲们的种瓜积极性高涨。

“喀拉亚”品牌的绿色甜瓜很快走向了北京、上海、成都等外地市场。在玉山江·麦麦提的争取下，英阿瓦提乡和上海塔源食品贸易有限公司很快达成了长期合作意向，签订了450亩的甜瓜收购协议。

① 现改名为上海塔源农业科技有限公司。

玉山江·麦麦提说："在科技助力精准扶贫示范点，小麦收获后，专家们带领着农民种植甜瓜，这是南疆地区复播甜瓜首次种植成功，一下子带动了好几户农民，使他们的收入从每亩 600 元增长到了每亩 4000 ～ 8000 元。在当地，农民们兴奋地口口相传，都请我带他们一起种甜瓜。"

有一次，在和田洛浦县布亚乡，在小麦收完后，玉山江·麦麦提带领农民种甜瓜。有位 60 多岁的老人刚好路过，他好奇地问玉山江·麦麦提："你们想种什么？"

"想种甜瓜。"玉山江·麦麦提说。

"年轻人，我都 60 多岁了，到现在还没有见过小麦收完后，种甜瓜能种成的。"这位老人不太相信。

后来，种的瓜熟了。那位老人特意找到玉山江·麦麦提，说："原来小麦收完后种甜瓜真的是可行的，应该听你的话，相信科学，科学种植。"

"刚开始种复播甜瓜的时候，村里年龄大的农民都说 7 月种的甜瓜不会熟，会得各种病，种不成，当时我心里也没有底。最后在玉山江·麦麦提老师的指导下，我试种了 4 亩地，最终种成了复播甜瓜，一亩地长出的甜瓜卖了 4000 元。"种瓜农民夏麦丁·伊斯拉木说。

南疆地区的大部分农民在种甜瓜之后不会精细化管理。"我们通过现场技术指导的方式向农民讲解精细化管理的优势，组织农民小面积示范，使农民体验到精细化管理的好处。"玉山江·麦麦提说。

60 多岁的瓦哈普·艾拜每年都种瓜，在村里是个有经验的甜瓜种植户，但每年种瓜的收入也只是一亩地 1500 元左右。

"没想到，通过玉山江·麦麦提老师教我的精细化管理，一亩地甜瓜的收入达到 5700 元。这是我种瓜 20 多年来，种得最好、钱挣得最多的一年。"瓦哈普·艾拜说。

因为受信任，他成了惠农政策的宣传员

玉山江·麦麦提的甜瓜成为英阿瓦提乡的“脱贫甜瓜”，他成了乡亲们最信任的人。

南疆甜瓜生产中存在的问题多，玉山江·麦麦提觉得一个人的力量不够，就组织专家建立了“科技小院”。在这个“科技小院”，专家们驻村直接参加农业生产，在甜瓜生产以及销售的整个过程中，专家们与农户们“零距离”接触。

因为受到大伙儿的信任，玉山江·麦麦提和“科技小院”的专家们成了党的惠农政策宣传员。

作为维吾尔族的科技人员，玉山江·麦麦提的优势很明显，他说的话乡亲们爱听，也愿意放在心上。

“我有语言优势，乡亲们特别愿意找我聊天。”玉山江·麦麦提说。这些年，在“面对面”“零距离”的科技服务过程中，他总是不断宣讲党的惠农政策，践行着“民族团结一家亲”活动。

“习近平总书记说，‘各族干部群众都要像爱护自己的眼睛一样爱护民族团结，像珍视自己的生命一样珍视民族团结’‘促进各民族像石榴籽一样紧紧抱在一起’。”

“党的惠农政策好，让咱们村民们的收入大幅增加。这要感谢以习近平同志为核心的党中央，让我们的生活越来越好。”

农忙的时间，玉山江·麦麦提走进田间地头，一边指导农户们种甜瓜，一边宣讲党的各项惠农政策，“利用指导他们种甜瓜的机会，把党的惠农政策带到田间地头，让村民们了解新的政策，增强他们的信心”。

玉山江·麦麦提告诉村民，新疆维吾尔自治区党委农办、财政厅、

农业农村厅和相关单位共同汇总、调整 2019 年新疆重点强农惠农政策，这些政策包括农业生产发展与流通、农业资源保护利用、农业科技人才支撑、农业防灾减灾、乡村建设五大类 41 项。其中，农业生产发展与流通方面的政策，如棉花目标价格补贴、耕地休耕制度试点、农村土地承包经营权确权登记颁证等，与农民的关系最为密切。

村民们听这位博士向他们介绍自治区给农民的实惠：中央财政 2019 年支持新疆开展耕地休耕试点面积为 16 万亩；喀什地区 8 万亩（疏附县、麦盖提县、叶城县）、和田地区 8 万亩（和田县、洛浦县、墨玉县），每亩补助 500 元，用于补贴农户原有作物种植收益和土地管护投入。

“听了玉山江·麦麦提老师的宣讲，我们更加坚定地要感恩党、感恩祖国，听党的话、跟党走。”凯撒尔·麦麦提说。

言传身教，他带村民学科学爱科学

如何在科技服务中提高乡亲们的科学素养？在一次科技助力精准扶贫的座谈会上，玉山江·麦麦提分享了自己的经验：“最重要的，就是要以身作则、事必躬亲，同时要让农民们有参与感、有收获。我在当科技特派员的过程中，深切地感受到，在哪里示范推广，就要同时把自己的试验安排到哪里，多开现场会，甚至带着农民一起做试验，把试验结果与农民分享，看得见、摸得着，农民才容易被说服，才更相信科技特派员，才更相信科学。”

玉山江·麦麦提是这么说的，也是这么做的。他带领乡亲们成功种植了复播甜瓜，通过言传身教，让村民学科学、爱科学、用科学。

“我带领乡亲们了解蚜虫在一天中的活动时间，顺利错开蚜传植物病毒病发生的时间和蜜蜂授粉的时间，成功种植了复播甜瓜。这相当于我带领村民们一起做了科学试验，又喜获了丰收。”玉山江·麦麦提说。

2017 年 7 月 1 日，在喀什疏勒县英阿瓦提乡，玉山江·麦麦提采取防虫网的方式种植了晚熟瓜，并对农民进行了相关的田间培训与技术指导。从播种到田间管理再到销售的整个过程，玉山江·麦麦提都做给农民看，带着农民干，最终成功种植晚熟瓜，领着农民赚。

玉山江·麦麦提（中）在英阿瓦提乡指导村民科学地进行甜瓜病虫害防治防控
（玉山江·麦麦提　供图）

如何让农民们更快速地掌握系统、先进的科学技术？

“口说无凭、耳听为虚、眼见为实。”玉山江·麦麦提总结了这 12

个字的经验。他安排了不同药剂对甜瓜白粉病与霜霉病的防治试验，让农民到试验地去看不同药剂的效果，并进行对比，使他们进一步认识到精准施药与安全用药的重要性。

“同时，从品种筛选、播种、田间管理、采收到销售的整个过程都要给农民保障，要想尽各种办法做好服务、做好培训，我们的技术才能更快地被农民接受，才能更容易示范推广，这方面科技人员的作用很大，同时压力也大。在科技服务中，还要从乡里选出年轻、勤快的农民，先培养他们，鼓励他们建立农民合作社，通过他们，可以很好地鼓励与督促其他农民把技术落实。”玉山江·麦麦提说。

在和田民丰县，安迪尔乡每年甜瓜的种植面积为 4000 ～ 5000 亩，在当地，甜瓜霜霉病与蔓枯病是主要病害，有些年份因为这些病害会严重减产甚至绝收。

玉山江·麦麦提通过采取播种时间调整、田间栽培管理及精准施药等措施，解决了当地甜瓜的主要病害问题，农民们年年喜获丰收。

为了让乡亲们更系统地掌握科学种植甜瓜的技术，玉山江·麦麦提还以英阿瓦提乡为重点，鼓励他们建立农民合作社，并在附近的乡县多次举办关于甜瓜田间管理与病虫害防治方面的现场技术培训会。近 5 年来，他培训达 1500 人次，还培养了甜瓜种植专业户 27 名。

玉山江·麦麦提还向当地科技人员与农民发放了 1000 多份维汉双语的甜瓜病虫害识别与防治方面的材料。得知英阿瓦提乡附近有夜校，他还多次来到夜校，开展关于甜瓜田间管理与病虫害防治方面的培训。

> 采访手记

玉山江·麦麦提来自新疆，是 8000 余名新疆科技特派员的典型代表。

2002年，新疆启动科技特派员制度试点工作，2007年开始在全区推行科技特派员制度。

据新疆维吾尔自治区科技厅统计，截至2019年11月，新疆科技特派员累计推广新技术1824项，引进新品种1925个，有553人领办、创办农业企业或组建经济合作组织以及专业协会，直接参与科技特派员项目的农户近46万户，实现增收的农户达34万户；培训农民271万人次，发放技术资料130万份，安置就业10.9万人。新疆科技特派员已被派驻至13个地州市（克拉玛依除外）的87个县市区，实现南疆四地州22个深度贫困县贫困村全覆盖。

扎根基层，从需求中来，到需求中去。

玉山江·麦麦提用8年时间，在英阿瓦提乡等地播下了农村科技创新的火种。他跟其他科技特派员一起，帮助喀什疏勒县贫困地区的农民掌握脱贫致富的“看家本领”，用科学知识“武装头脑”，彻底断掉了“穷根”。

玉山江·麦麦提有一句话让人印象深刻。他说，自己是维吾尔族科技人员，就要发挥少数民族科技人员的双语优势，在提供科技服务的过程中，努力提高农民的科学素质，带领他们学科学、爱科学、用科学，远离宗教极端思想；教他们用科学改变人生，用知识建设美好家园。

这位科技特派员改善的，不仅是当地的种植结构，还有村民们脑海中的知识结构。

王菊华

王菊华（左一）在永新县沙市镇阿强种养专业合作社检查小龙虾的生长情况（张志红 摄）

- 江西省科学院生物资源研究所副研究员，30 多年来一直致力于水产养殖事业，培训学员达万人以上。
- 2008 年加入科技特派员队伍。2014 年，身为甲鱼科技特派团团长，带领团队在江西南丰县推广甲鱼生态养殖，在品种改良、甲鱼病害防疫、水质调控、饲料配制等方面的工作上卓有成效。2018 年，兼任江西抚州市临川区大岗镇株山村第一书记，通过政策扶贫和产业扶贫，有力助推贫困户们脱贫致富。
- 2019 年 10 月，在科技特派员制度推行 20 周年总结会议上受到科技部通报表扬。

在甲鱼上做文章，为养殖户铺致富路

王菊华的采访视频

——记江西省水产专家王菊华

（寇　勇）

2019年11月1日，天刚蒙蒙亮，王菊华便从江西省科学院驱车赶往抚州市临川区大岗镇株山村，车程一个多小时。在村小学简陋的宿舍里稍事休息后，他便和村委会的伙伴们一起忙了起来。这一天，县里的检查组要来考察乡村环境整治和扶贫工作情况，作为驻村第一书记，王菊华要做汇报，争取上级领导的政策支持；还要抽空落实村里6位贫困人员的慢性病证明事宜……

11月2日，王菊华领着村里的产业大户和村干部们去外县参观牛羊养殖场，寻求村级产业转型发展的出路。

11月7日，他又奔赴南丰县指导甲鱼的养殖……

中等个儿，身材敦实，一张笑脸，双目炯炯有神，这就是年近花甲之年的王菊华。他的行程总是排得满满的。在江西省科学院，他是生物资源研究方面的专家；在南丰县，他是甲鱼科技特派团团长；在株山村，他是驻村第一书记。在奔忙的日子里，他熟练地转换着这3种身份。

“我是农民的儿子，农村养育了我，国家培养了我，为农民兄弟尽心尽责，是本分更是情怀！”他说。

牢记嘱托，给老乡带来红火日子

王菊华出身于江西乐平的普通农民家庭，在大学学的是淡水渔业专业。在毕业典礼上，华中农学院[①]水产系主任、我国著名鱼类生态学家易伯鲁教授语重心长地对王菊华这批毕业生说，全国学水产专业的很少，希望他们毕业后不要转行，要一直从事水产养殖工作。寥寥数语，对王菊华影响至深。

带着易伯鲁教授的嘱托，王菊华大学毕业后回到江西，先后在吉水和乐平工作，一心一意从事水产养殖和技术推广服务工作，一干就是 20 多年。从甲鱼、黄鳝、泥鳅、鮰鱼的人工养殖，到草鱼、白鲢等鱼的疾病防治和稻田养鱼，再到渔药、鱼饲料生产及观赏鱼和热带鱼养殖等，他涉猎了水产行业的各个类别，并取得了诸多科研成果，积累了丰富的实战经验。最让他欣慰的是，老乡们在他的带领下，以技术为依托、“靠水吃水”，过上了兴旺红火的日子。

2004 年，王菊华被调入江西省科学院，科研条件的改善让他如虎添翼，而加入科技特派员的队伍，也给了他这个“土专家”面向全省的更为广阔的舞台。十多年的风里来雨里去，他的笔记记了一本又一本，笔记本上的名字，都是在他的无偿帮助下，全省各地水产养殖户们脱贫致富的印迹。

大学毕业 30 多年来，王菊华跑遍了江西所有县级单位和许多水产养殖重点乡镇。“总在外面跑，年年都是出门多、在家少，真是劳碌命！”他的爱人时有抱怨。而他总是说：“我们搞水产科研的，给养殖户带来实惠，我们的成果才真正有价值。”

“组团助农”，让人越来越信赖

2015 年，江西省开始实施科技特派团富民强县工程。由江西省

① 1985 年更名为华中农业大学。

科学院、南昌大学、江西农业大学等 6 家单位联合组成南丰县甲鱼科技特派团，王菊华任团长。团员里包括甲鱼品种改良、饲料配制、养殖模式、微生物调控等领域的 9 位专家。

南丰县是甲鱼养殖大县。王菊华带领特派团来到县里时，有关部门介绍说，当地的甲鱼蛋产量占全国近一半，并且具有价格话语权，但传统养殖带来的经济效益并不明显。政府部门想从大县迈向强县，对特派团寄予了殷切的希望。

由于科技特派团成员大多对本地甲鱼研究不多，大家对怎样开展工作踌躇不定。刚开始时，王菊华每月去调研几次，有时带几个人，有时干脆一个人自掏油费开车前往。通过几个月的调研，养殖中存在的问题终于被挖了出来：一是品种选育，二是生态养殖和生态饲料，三是病害防治和水质调控，四是甲鱼加工。

梳理出问题后，王菊华一方面组织科技特派团成员座谈，一方面向省科技厅申报科研项目。达成统一认识并取得立项支持后，王菊华带领科特派们一头扎进了南丰的山山水水中。

与养殖户交朋友、到渔药销售店坐诊、树立宣传牌、普及甲鱼外销标准……随着调研的深入，科技特派团的科研课题也在不断增加，“王团长”和他的特派团在南丰的名气也越来越大。

在王菊华的带领下，科技特派团在全县持续开办甲鱼养殖培训班，指导养殖专业户们建立稻鳖、莲鳖等综合养殖模式，建设生态甲鱼养殖基地和良种繁育示范基地……与此同时，专家们实地开展中华鳖品种提纯科研攻关，成功地突破了人工驯化养殖、种蛋孵化、种苗培育等技术难关，5 年来取得了 10 项发明专利和实用新型专利，为贫困群众和甲鱼养殖户增收致富提供了有力的技术支撑。

王菊华在查看鱼苗的生长情况（张志红 摄）

“王团长，过去对你们不熟悉，现在是越来越依赖你们，你们带来的新观念、新模式和新技术，就是我们的聚宝盆啊！”在一次座谈会上，南丰县的领导由衷地对王菊华说。“不是我们带来的，是南丰甲鱼养殖的繁荣局面推动了我们科研工作的深入，这就叫双赢！”王菊华笑呵呵地回应。

助力产业经济 “鼓口袋”“富脑袋”

吴国辉是南丰县太和镇的甲鱼养殖大户，他的江西添鹏生态农业有限公司远近闻名，但多年来甲鱼死亡率高的问题成了严重制约公司规模发展的“拦路虎”。

甲鱼养殖死亡率高的原因多样，需要具体分析和排查。为此，王菊华和他率领的科技特派团的专家们带着显微镜等设备深入养殖场，观测、试验、收集数据，找准原因后，送来了江西省科学院自己开发的新产品——壳聚糖复合微生态制剂，通过降低水体中亚硝酸盐和氨态氮的含量，大幅度降低了甲鱼的死亡率。调好养殖场的水就可以少用药甚至不用药，不但大大降低了甲鱼的死亡率，而且提高了甲鱼的品质，降低了养殖成本。此一举便为吴国辉年增收数百万元。“多亏了王团长和各位专家，他们真是我们的科技财神！”他兴奋地说。

王菊华（左）在南丰县美孙甲鱼养殖专业合作社查找甲鱼病因（张志红　摄）

类似于吴国辉这样的事例，在南丰县迈向甲鱼养殖全国强县的征程中不胜枚举。

王菊华说，甲鱼是很好的水产品，营养和口味方面的附加值也较高。在推广新技术的同时，为发挥龙头企业的带动作用，他带领科技特派团成员积极帮助企业通过“入股分红”的方式开展扶贫帮困，带动了460户农民从事甲鱼种蛋、种苗和商品甲鱼的生产经营，面积达3600亩，户均年增收7万元以上。

2017年10月，南丰甲鱼第一次走出国门，参加了第十九届西班牙维戈国际水产展览会，由于品质优良，受到众多商家的青睐。

在科技特派团的助力下，南丰县甲鱼传统养殖业焕发了生机和活力。2019 年全县 7 家企业、24 家专业合作社年产种蛋 4 亿枚以上，商品甲鱼产量逾 3000 吨，甲鱼产业系列产品总产值突破 10 亿元。南丰县在获得“全国龟鳖之乡”称号的同时，全县逾 3000 户养殖户通过“鼓口袋”“富脑袋”，走上了脱贫致富的康庄大道。

变身驻村第一书记，在陌生领域探索脱贫攻坚

2018 年 10 月，王菊华受命担任株山村驻村第一书记。在省里举办的下派第一书记培训会上，许多第一书记羡慕地对他说，你有技术特长，在村里扶贫可以一展身手。对此，他也信心满满。

来到株山村后，王菊华差点傻了眼。这是一个旱地村，几乎没有水产，他的专业毫无用处。与其他多数第一书记所依托的行政单位不同，他甚至无法在本单位申请项目和资金。如何利用第一书记的身份去改变乡村面貌？他延续了大半辈子搞农业科研的一贯作风，用摸爬滚打的执着去践行自己的价值观。

年过七旬的黄金水是株山村的村民，前些年因骨关节坏死成了拄着双拐的残疾人。屋漏偏逢连夜雨，老伴得了直肠癌住进了医院，家里的生活每况愈下，他们陷入贫病交加的困境。

株山村位于大岗镇西北部，共有 11 个自然村（村民小组）482 户，是“十三五”省级贫困村，绝大部分贫困户的贫困问题都是像黄金水这样因病、因残、缺劳力等造成的。

白天，王菊华走村串户、访贫问苦。夜晚，在村小学宿舍昏暗的灯光下，他学文件、查资料，逐渐形成了用政策精准扶贫、用产业引领扶贫、用科技武装扶贫的工作思路。

了解到村里因残致贫的困难户有不少没有享受到低保户待遇的情况后，王菊华自掏路费，一趟趟领着他们到县城去办理残疾证，落实相关待遇政策。回到村里后，他根据各家各户的实际情况，帮助残疾户们安排力所能及的轻体力农事活动，同时进一步夯实与村里专业合作社入股分红的分配机制。

秋末冬初，守着不远处山林中放养的两头肉牛，黄金水扳着手指头算了一笔账：这一年光伏产业分红 2000 元、养猪合作社分红 1000 元，养牛补助 3000 元，低保加残疾人补助 6360 元，再加上养鸡养鸭的收入……“日子松快多了！”他由衷地说。

王菊华（右）与贫困户黄金水在一起（寇勇　摄）

利用江西省科学院的科技资源，引进构树种植和综合利用，建立特色水产养殖，进行畜禽良种健康转型，建立健全帮扶机制……王菊华想干的事很多，有的已经开始，有的正在论证。村干部的经历，让他付出了很多辛劳和心血，也收获了很多体验和感悟，他最自豪的莫过于村民们对他的认可和“科技贴心人”的亲切称谓。他说：“一个人浑身是铁也打不了多少钉子，好在村干部一班人劲儿往一处使，都有信心去改变株山村的面貌。”

博观而约取，厚积而薄发。新时代科技特派团和驻村第一书记的实践，正为王菊华的人生舞台拓展更多精彩的篇章。

> 采访手记

王菊华最开心的事，就是看到南丰县养殖户因技术服务带来了效益的显著提升。有的养殖户为追求高产量，养殖密度过大，水质变坏，药物用量加大，造成甲鱼品质下降，影响了整个产业。为此他率领甲鱼科技特派团成员跑遍了南丰的山山水水，通过做示范、做样板，手把手传授少用药、多调水的养殖方法，还鼓励养殖户扩大生态养殖，发展莲田、稻田养殖，提高甲鱼品质。养殖户们在成效面前，从不信到心服口服，调水技术和生态立体养殖也得到了大面积推广。

任抚州市临川区大岗镇株山村第一书记一年多来，王菊华心之念之的“头等大事”，是如何让黄金水等因病、因残致贫的贫困户们脱贫。在逐家逐户落实残疾户低保待遇的同时，他期冀通过科技振兴乡村经济的发展、壮大村集体的实力，带领贫困户们共同走向美好的明天。

江西省实施科技特派团富民强县工程以来，按照产业链部署创新链和资金链，以需求为导向组织科技特派团，从2015年的

171个到2018年的380个，其中既有来自不同单位、不同专业的产业团，也有同单位组成的服务多个县同一主导产业的法人团，以及打包服务某县特色产业的综合团，一改过去科技特派员单打独斗、力量薄弱、个人表现参差不齐的局面。

与此同时，各地党委、政府高位推动，纷纷出台各类政策保障，确保在管理和服务上让科技特派团有机构、有资金、有队伍、有制度，极大地激励了科技特派员的争先加入。在这一过程中，涌现出了一大批“王菊华式”的优秀典型，他们带动了全省的科技特派员积极投身于脱贫攻坚和乡村振兴的大潮中。

黄新忠

黄新忠正在查看梨果的生长情况（黄新忠　供图）

- 福建省农业科学院果树所落叶果树研究室主任、国家梨产业技术体系福州综合试验站站长，福建省科技特派员。

- 建宁果业发展壮大的见证者，建宁果业科技进步的推进者；翠冠早熟梨、锦绣鲜食黄桃等多个品种引进推广的第一完成者，建宁人工规模种植猕猴桃奠基人之一，为农业增效、农民增收、农村发展做出了巨大贡献。

- 于1999年和2000年先后被授予三明市十大青年科技标兵、三明市劳动模范称号；2019年10月，在科技特派员制度推行20周年总结会议上受到科技部通报表扬。

助推果业升级，成果留存百姓家

——记福建落叶果树专家黄新忠

（谢开飞）

“如果不是黄老师团队的技术帮扶，我们可能就种不出‘台农2号’蜜雪梨了……”福建省三明市清流县的许多果农感激地说。

果农口中的黄老师，正是福建省科技特派员、福建省农业科学院果树所落叶果树研究室主任、国家梨产业技术体系福州综合试验站站长黄新忠研究员。十多年来，针对福建省落叶果树产业技术研发与推广相对滞后、产量不高、品质欠佳、效益低下等问题，他带领研究团队，走遍了福建建宁、清流、明溪、建瓯、德化等落叶果树产业重点县（市），通过与落叶果树种植企业、专业合作社、家庭农场、种植大户建立长期技术帮扶协作关系，探索出了一条科技服务助推果业升级、农民增收之路。

“时光如流，岁月如沙，我始终没有忘记自己来自农家、毕业于农科专业的底子，没有忘记服务‘三农’的职业使命。”黄新忠动情地说，在这么多年的科技特派员实践中，在扎根山野、破解产业难题的过程中，他始终坚持要把论文写在大地上、把成果留存百姓家。

果业“救死扶伤”的英雄

天灾无情人有情。长期以来，黄新忠和研发团队不仅瞄准产业技术难题，开展研发创新与技术服务，还在各类灾情发生之时，奔赴在灾害一线。

2010 年 3 月 5 ～ 11 日，全省落叶果树产区正值开花幼果期，却连遭冰雹、雨雪、霜冻危害，范围之广、温度之低、受害之重，前所未有。

“灾情如火，我与团队成员立即启动了应急响应机制，奔赴抗冻救灾第一线。”黄新忠回忆着，团队的抗冻救灾预案被及时送至落叶果树产区，冻期协同推广部门组织果农落实熏烟、喷施防冻剂等防冻措施，冻后督促果农狠抓各项恢复措施的落实，把灾害损失的程度降到最低。

让黄新忠印象最深刻的是，当时刚刚承包建宁县农业局果树示范场的建宁县福胜果业有限公司受冻害影响，200 亩梨园、桃园面临绝收。

为此，黄新忠奔赴现场“对症下药”，在他提供的增大果个、提高品质等有针对性的技术的支撑下，该企业 2010 年实现水果总产量 175 吨，收入 56 万元，扣除果园基础设施投入和承包管理费，在果树病灾之年，仍做到了投入产出持平。

变化远不止这些。清流县拥有福建省“台农 2 号”蜜雪梨最大的种植规模，种植面积一度达 1.5 万亩。但早期因栽培技术跟不上，产量低、品质劣、效益差，2008 年种植面积锐减至 1 万亩以下。

获知这一情况后，黄新忠来到清流县。他以嵩口镇围埔村村办梨场为突破口，建立了低产劣质“台农 2 号”蜜雪梨园改造技术集成示范园 200 亩。经他密集的技术培训、现场技术指导与示范操作，自 2010 年起，蜜雪梨综合生产终于亮丽转身：亩产持续保持 2500 公斤，200 克以上的优质果率达到 82%，每亩收益达 5218 元以上，该示范园成为全省栽培产量、质量、效益最好的“台农 2 号”蜜雪梨园，带动周边大量抛荒、半抛荒台农蜜梨园仿效改造。

黄新忠（左）指导农户种植果树（黄新忠　供图）

“我仅仅是成千上万科技特派员中的普通一员。”黄新忠说，“我们能发挥作用，要感谢广大果农的信任拥戴和家人的理解支持。”

“烂果山”变成了“花果山”

把建宁县绿源果业有限公司（以下简称绿源果业）的果场从刚接

手时的“烂果山”变成了如今的“花果山”，黄新忠成了建宁县果农眼中的英雄。

建宁县地处闽西北偏远山区，是革命老区县，2013 年，福建省将其列为 23 个省级扶贫开发工作重点县之一（已于 2019 年 6 月退出）。建宁县长期交通不便、经济落后、科技水平低下，是典型的农业县，莲子、梨子、杂交水稻种植是该县最大的支柱产业，这里素有“中国建莲之乡”“中国黄花梨之乡”的美誉。

黄新忠刚来绿源果业时，正是该企业的低谷期：品种老化、品质不佳、效益低下、技术落后，不少面积呈抛荒、半抛荒的情况。

“2008 年以前，企业多年处于亏损或保平的生产经营状态。从 2015 年开始，企业的果品产量、收入、利润分别持续稳定在 1500 吨、500 万元、160 万元以上，这一切都要得益于科技特派员的到来。”绿源果业创始人傅兴安说。

在黄新忠的指导下，绿源果业采取建立“园中园”等办法，引进示范梨、桃、猕猴桃等新品种，推广应用避雨栽培、棚架栽培、水肥一体化、人工辅助授粉等增产稳产、提质增效的新技术，第一年度即实现产量 970 吨、收入 285 万元、利润 82 万元，一举扭亏为盈。之后，企业实现了持续良性发展。

变化不仅仅在以上提及的产业。

20 世纪 80 年代，黄新忠率先从浙江金华引进锦绣鲜食黄桃示范种植，但因市场认知等问题，在建宁，黄桃产业发展面积、产量、效益始终不见起色，产业一度濒于没落。

面对这一状况，黄新忠一方面从市场前景分析入手，说服绿源果业坚守，另一方面从品质提升关键技术的研发入手，解决好产量与品质问题。他不仅使建宁县鲜食黄桃产业在近十年得到快速发展，成为农民增收新亮点，还把鲜食黄桃做成了全省近年来发展最为迅猛的落叶果树产业。该项目成果获得了2018年度福建省科学技术进步奖三等奖。

“没有黄新忠团队的示范带动和新技术，就没有现在的绿源果业。”绿源果业负责人傅兴安说，“2015年以来，公司水果产量和企业利润持续稳定增长，翠冠梨、锦绣黄桃两个果品获得了国家绿色食品标志的使用权，注册的‘建绿’牌商标荣获福建省著名商标，2017年公司还被指定为金砖国家领导人厦门会晤食材供应企业。”

一手写论文，一脚踩田间

多年来，黄新忠一手写论文，一脚踩田间。“科研工作单调枯燥，既烧脑又耗体，要有所收获，必须沉得下心、耐得住寂寞，经得起失败和质疑。”黄新忠说。

这些年来，黄新忠常常为了一个试验苦思冥想、起早贪黑，在建宁一蹲就是十天半个月。家人和旁人的不理解还在其次，令人懊恼的是，有的项目常历经数次甚至数年研究却一无所获。

梨早期落叶是长期困扰长江流域以南区域梨产业的重大关键技术难题，也是黄新忠职业生涯中最为纠结、堵心的问题。

为搬走这块长期以来压在他胸口的巨石，2010年，黄新忠向福建省科技厅申请立项研究。眼看3年研究期限迫近，仍毫无进展，团队多次遭到外界质疑。

功夫不负有心人。经过努力，黄新忠终于在2012年迎来了柳暗花明的一刻——其团队发现了致梨叶早衰脱落能力极强的梨炭疽病，明确提出南方梨早期落叶的主要诱因是以梨炭疽病为主的叶部病害，这为后续定向推进南方梨早期落叶综合防控技术的研发与应用奠定了坚实基础。这一结论在2015年建宁县举办的全国梨早期落叶的病因及其防控技术研讨会上，得到了同行的广泛认同。

有了新突破就有了新动力。经过近10年的研究，黄新忠和他的团队还在观察掌握梨叶发病流行规律及鉴明其病原为果生炭疽菌的基础上，筛选出多种安全高效的防治药剂，研发出深沟断根、高抗性品种等栽培技术，制定了地方标准《南方梨病害型早期落叶综合防控技术规程》，这一标准被大面积应用于生产，成效显著。

“当研究成果从被质疑到被认同，身心轻松愉悦之感无以言表，我想这就是科研人员能够长期坚守最重要的支点。”黄新忠笑着说，研发创新为产业发展提供不竭动力，是一个从事研发的科技工作者的首要职责，也是科技工作者投身经济建设主战场、发挥更大作用的资本与底气。

手把手传授新技术

在建宁举办的一场新型职业农民培训中，黄新忠应邀为果农进行技术指导与培训，知识讲座加上现场示范讲解，参加培训的果农们在冬季梨园的管理方面收到了满满的“干货”。

“现场培训、手把手传授新技术，对提高我们的果树栽培管理水平有很大帮助，也让我们信心十足。”参加培训的农业大户赞不绝口。

“黄研究员每年都从百忙中抽出时间到我们这里来进行现场果树技术指导，我们学到了不少的经验和技术，也增加了不少的收入。”果农汪小良说。

黄新忠（右）指导农户种植果树（黄新忠　供图）

在建瓯市玉山镇，为缩短梨农从“不懂”到“懂”、从“懂”到“精”的过程，黄新忠采取密集型技术指导、培训等服务形式，使疏果套袋、病虫综合防控等技术得到迅速推广普及，该地区翠冠梨的产量和效益连续多年稳定快速提高。

这些年来，黄新忠和他的团队成员在努力完成繁重的科研任务的同时，坚持重心下沉，年均驻扎基地和奔波于落叶果树产区 180 天以上，及时把国内外先进技术、成功做法和最新研发成果转化为实实在在的生产效益，推动企业发展，带动果农增收。

这些年来，黄新忠建立了落叶果树示范基地 3950 亩，传授给果农看得懂、学得会、用得上的培育技术，年均举办技术培训 1000 人次以上，辐射带动 865 户果农，大面积推广梨、黄桃、猕猴桃等 6 个新品种，示范避雨栽培、棚架栽培等新技术 10 余项，覆盖面积达 1.5 万亩以上，累计增加产量 2.5 万吨、增收 1 亿元以上。

“新的发展形势下面临新的挑战，还有许多摆在面前亟待破解的难题。”黄新忠说，接下来，他将以习近平总书记对科技特派员制度推行 20 周年作出的重要指示精神为指导，秉持“把论文写在大地上、把成果留存百姓家”的理念，一如既往地扎根建宁这片热土，助推建宁特色落叶果树产业尽快实现转型升级，为让建宁乡村振兴蓝图化为壮美现实做出自己的贡献。

> 采访手记

黄新忠常说，付出与收获往往是对等的。在多年的科技服务过程中，他的一个体会是，只要秉持“三心”，即诚心、耐心、苦心，对待服务对象，就一定能收获满满。

多年来，无论是实地指导还是电话解惑，黄新忠毫无保留地把他的经验和成果尽数告诉果农，就怕他们没听懂、不深信。为了检验效果，他经常打电话回访，了解果农的落实情况。就算在节假日，黄新忠平均每天也会接到 5 个以上的咨询电话。他总能静心倾听果农的诉求并给予解答。有人认为这是一种打扰，但他认为这是大家对他的认可与信任。有时时间紧，多处都有难题待解，他就星夜兼程，一日跑三个县、连续穿梭于十几个果园是常有的事。虽然工作辛苦，但看到果农脱贫、企业成长，他感到更多的是幸福。

黄新忠只是福建引领农民脱贫、产业发展的众多科特派中的一员。福建作为科技特派员制度的发源地，从 1999 年 2 月至 2019 年 10 月，全省共派出科技特派员 16 348 人次，省级科技特派员乡镇覆盖率达 100%，科技特派员工作取得了可喜的成绩。

把“科技的种子”播撒广袤大地，走“知识改变命运，科技改变贫穷”的路径，这就是这些科特派们怀着初心的实践！

创　新

高擎技术火把　照亮乡村振兴

做给农民看，带着农民干，

农民赚了，他们踏实了。

农民笑了，他们满足了。

讲堂在田头，讲稿挂枝头，

他们用知识改变命运，用智慧消灭贫穷；

走出课堂讲，扑下身子干，

他们用雄心致力创新，用特色振兴产业。

林占熺

林占熺察看培育的食用菌新品种（林占熺　供图）

- 菌草技术发明人，福建省首批科技特派员之一，福建农林大学国家菌草工程技术研究中心首席科学家。2003年开始，在福建邵武、顺昌、建瓯等地开展菌草和食药用菌栽培，进行科技攻关和技术服务工作。
- 截至2020年3月，在国家的支持下，菌草技术已推广至五大洲106个国家和地区，林占熺团队举办了245期菌草技术及菌草产业发展国际培训班，培养了8653名学员。

授人以渔，“顶天”的科研“接地气”

——记“菌草大使”林占熺

（谢开飞）

在卢旺达、南非、莱索托等国，用菌草技术制作菌种的成本只有直接使用西方菌种的十分之一，菇农种菇的投入只有后者的百分之一，但产量却更高。这点燃了卢旺达当地德玛斯、莱昂尼达斯等一群“蘑姑娘”们的创业梦。

从闽西老苏区长汀县到南太平洋岛国巴布亚新几内亚，这项由福建省首批科技特派员之一、福建农林大学国家菌草工程技术研究中心首席科学家林占熺发明并拥有自主知识产权的神奇菌草技术，成功解决了“菌林矛盾”这一世界难题，得到了联合国开发计划署等国际组织的高度评价。

2017 年 5 月，中国常驻联合国代表团与联合国经济和社会事务部在联合国总部共同启动中国—联合国和平与发展基金菌草技术项目。目前，菌草技术已经被推广至 106 个国家和地区，林占熺也成了拓展中国和平外交的“菌草大使”，为全球减贫事业贡献了“中国智慧”。

“这是中国人的一个发明”

蘑菇与野草本不相干。而林占熺却“异想天开”地让它们结合起来。

时间回溯到 1983 年，林占熺随福建科技扶贫考察团来到革命老区闽西。在客家母亲河汀江上游的长汀河田镇，他看到曾被誉为“红色小上海”的长汀成为全国出名的水土流失重灾区：这里的“悬河”高出两岸耕地一两米，四周山丘荒秃、满目疮痍。

“这样的场景就像一条沙石铸就的渡槽，横在了我的脑海里。与‘悬河’同时出现的，还有流域两岸农民生活贫穷的揪心景况。”忆及当年，林占熺说。

彼时，保护森林资源，“以草代木”栽培食用菌的强烈愿望便在林占熺的心头涌动，促使他开始了菌草技术研究。

一根钢线，20 支试管，借 5 万元经费建实验室。因陋就简、白手起家，林占熺开始了 3 年的夙夜攻关。

1986 年 10 月的一个深夜，43 岁的林占熺仍在忙碌着。他要从全国 3 万多种草本植物中筛选出适合作为食用菌培养基的草种，“以草代木”培育食用菌、药用菌。经历了之前一千多个日夜的奋战后，第一朵用芒萁培育的香菇终于长出来了，林占熺的热泪涌出，“菌林矛盾”这一世界性的难题首次被攻克了。

“用芒萁、五节芒培育出菇来，那时就感觉好像发现了新大陆。”林占熺激动地说，以后发展菌业可以不用砍树了。虽然只是一个开始，但他感觉可以走出一条自己的路来。

这项技术发明彼时也引起了国内外同行的广泛关注，于 1992 年获第 20 届日内瓦国际发明展金奖和日内瓦州政府奖。国际专业评委的评价是：“为人类提供优质菇类食品和为畜牧业提供优质饲料开辟了最合理、最经济的新途径。”

1996 年，在首届菌草技术国际研讨会上，林占熺正式为菌草确定英文名——“Juncao”。有人担心外国人看不懂。“看不懂没关系，那他就来学吧。”林占熺说，“我就是想让世界知道，这是中国人的一个发明。”

研究难，推广更难

1989 年，林占熺把菌草技术扶贫重点村设在尤溪县联合镇连云村，他表示，尤溪县是全国林业重点县，该县如果示范成功，将具有典型意义。

说起当年，林占熺神情轻松，但在当时，推广这样一个“新鲜事物”并不是件容易的事。“那时候，当地的菇农从来没听说野草里能长出香菇。”林占熺回忆道。

于是，林占熺做了一个决定，他向菇农承诺：“亏了我全赔，挣钱全归你们。”

林占熺的承诺就像一颗“定心丸”，总算有 27 家农户愿意试种。

接着，林占熺驻村进户，全程手把手服务。实践证明，用菌草栽培香菇不仅产量高，而且质量好。“菌草生长快、生物量[①]大，5 个月可以长到 3 ～ 4 米高，一亩土地每年能收二三十吨。”林占熺激动地说，“用野草栽培食用菌以后，尤溪县联合镇连云村的村民编了个顺口溜，‘一年脱贫，两年致富，三年盖新房，四年讨媳妇’。”

“有了好的成效，农民自然成了‘义务宣传员’，一传十，十传百，就这样，菌草技术在福建省大规模推广开来。”林占熺说，菌草应用规模大幅提升，企业增收、农民增收成效明显。1991—1995 年，福建省的 51 个县（市）组织实施累计用菌草栽培食用菌、药用菌 12.39 亿筒（袋），增加产值 22.46 亿元，菇农增加收入 17.86 亿元，带动就业 49.7 万人，节约阔叶树木材 51.26 万立方米，种植菌草 1.9 万亩。

此前，“以草代木”栽培食用菌仅限于在南方，能否“南草北种”？这个问题一直萦绕在林占熺的脑海里。

实践方知结果。1997 年 4 月，林占熺带着 6 箱草种来到宁夏闽

① 生态学术语，指某一时刻单位面积内实存生活的有机物质总量（干重）。

宁村（现为闽宁镇），带领团队艰苦攻关，利用菌草技术培育出了与当地水土相符的“本土蘑菇”。

“先前在南方的工作为在北方的推广打好了基础。”林占熺说，经过一系列试验，适宜宁夏的“本土蘑菇”取得了成功，首批参与试种的农户当年人均收入是种菇前的 7 倍多。

“在福建省的支持下，林占熺教授指导帮助闽宁镇搭建温棚、传授技术，发展起了全镇第一个真正意义上的产业——菌草产业，闽宁镇走上了依靠特色产业增收致富的新路，也为黄河流域生态治理探索出一条生态效益和经济效益有机结合的新路。”当地扶贫办的工作人员说。

如今，位于贺兰山东麓、永宁县西部的闽宁镇“一村一品”初步成型，特色种植产业等成果喜人，成为东西部扶贫协作的典范。闽宁镇武河村村民组建菌草专业合作社，常国国、刘剑祥等多位农民因种双孢蘑菇而脱贫致富……

“贫困是社会发展的短板。”林占熺说，“菌草技术提供了一个既能促进经济发展又不破坏环境的可持续发展方案。”

30 多年来，林占熺团队利用菌草技术，为贫困地区乡村振兴奠定了坚实的产业基础；带动贵州 20 余个县、1 万贫困农户参与菌草种植，年收入增长迅速……青海、四川、河南、山东、福建等地的菌草技术扶贫已经落实到千家万户，有效推动了贫困地区的生态建设和经济社会的可持续发展。

筑起菌草技术创新链

“生态恶化与贫穷落后是一对孪生兄弟，菌草技术就是为扶贫和保护生态而生的。”林占熺是这么说的，也是这么做的。

自从菌草技术研发成功后，林占熺便开始带领团队开展通过种植菌草治理水土流失、山地崩岗的试验与示范。短时间内，长汀县罗地村的水土流失及山地崩岗情况得到了有效控制。

林占熺在福建平潭长江澳前察看海边菌草种植长势、固沙效果（林占熺　供图）

有了长汀的实践，林占熺团队开始在全国各地进行生态修复的探索。“多年来，我们在乌兰布和沙漠及黄河沿岸开展菌草防沙治沙试验，根系发达的菌草数月内就将流动沙地固住，让我们十分惊喜，这将为黄河的生态治理另辟蹊径。”林占熺说。

在我国四大沙尘暴发源地之一的内蒙古阿拉善盟黄河沿岸流动沙地上，林占熺团队采用速生高产一年生与耐寒多年生的菌草品种复合种植形成“菌草复合草篱”，种植百天左右就能把风沙固住；菌草主栽品种“绿洲 1 号”在黄河流域抗寒越冬培育获得成功，解决了高寒地区种植菌草的难题，填补了黄河流域种植多年生菌草的空白。

在森林植被锐减、水土流失严重的“千丘之国”卢旺达，林占熺团队专门设计了菌草与果树、玉米、大豆等当地传统作物间作、套种的模式以保持水土，这种模式已用在该国水土流失治理的重点项目中。

“我们不仅探索菌草治理水土流失的功能，还希望菌草能够发挥更大的作用。”林占熺说。

流动沙地防沙固沙，盐碱地土壤改良，“地球环境癌症”砒砂岩治理……这些科技界公认的世界性难题近年来被林占熺团队一一攻破，他们创造了让不毛之地变成绿洲的奇迹。他们还积极打造菌草技术研究创新链，进一步探索不同地域、不同自然条件下利用菌草进行生态治理和扶贫开发的多种模式。

如今，林占熺的菌草创新之路越走越宽，他和团队已选育 45 种菌草，菌草技术从“以草代木”种菇扩展到菌草生态治理、菌草饲料、菌草肥料等众多领域。

小小菌草走出国门

1997 年，林占熺带着菌草技术走出国门，来到了巴布亚新几内亚的东高地省。

初到这个南太平洋岛国时，林占熺吃了一惊，“项目实施地鲁法区的村民住的都是茅草房，农业生产还处在刀耕火种的状态。”林占熺感叹道。“作为科技工作者，应尽力帮助他们，这是我们的使命。”

那时候他就下定决心，要帮助当地人种草养菇，脱贫致富。

“虽然在国内已经有了近 10 年的菌草技术推广经验，但在这个大洋洲的岛国上，一切都是新的，要让当地人尽快掌握技术以脱贫致富，我们的团队就得一切从当地实际出发，一切从头开始。”林占熺说。

地里挖条沟，覆上薄膜，就有了种菇所需的保温保湿环境，当年在福建乡下用汽油桶建灭菌灶的土法，在巴布亚新几内亚派上了大用场。

建技术示范基地、进村入户手把手传授，8 年时间，当地有的人已把茅草房换成了现代住房。林占熺和他的团队结束了当地没有食用菌栽培以及没有旱稻种植的历史，为当地人民找到了一条增加收入、改变生活的新路。因中国专家中有好几位姓林，为了感激中国专家的帮助，他们把菌草叫作“林草”。

而“巴新样本”只是菌草援外扶贫的一个缩影。在卢旺达、莱索托、斐济、南非，林占熺团队也开展了菌草技术基地建设与产业化扶贫工作。

从卢旺达国立大学毕业的德玛斯，跟随林占熺团队专家从事菌草生产，成立了专业菌袋生产企业，年收入十几万元人民币；农户莱昂尼达斯参加菌草技术培训后，成立了菌草生产公司……

紧接着，旨在深化中卢农业合作、建设学员创业平台的中卢农业合作项目孵化园开园运营，让当地更多的农民可以学习和运用先进的农业生产技术，一万多人因此脱贫致富。

“技术本土化、简便化、标准化以及系统化，让农户‘一看就懂、一学就会、一做就成’。”在林占熺团队的不懈努力下，截至 2020 年 3 月，福建农林大学在世界 13 个国家和地区建立了菌草技术、旱稻技术援外基地，为 106 个国家和地区举办了 245 期培训班，培养了

8653 名学员。

卢旺达农业部原部长艾格尼丝·卡里巴塔表示："在所有外国援助卢旺达的农业项目中，中国援助的农业技术示范中心项目对我们实现农业现代化、消除贫困、扩大就业等方面的贡献最大。"

斐济农业部原部长伊尼亚·塞鲁伊拉图数十次到中国援斐济菌草技术示范中心参观考察，将其视为斐济农业发展的希望。

"目前，越来越多的国家希望从我国引进菌草技术。将中国菌草扶贫的模式和经验复制推广到更多国家和地区，可以让菌草技术更好地造福全人类。"林占熺说。

林占熺已年近八旬，但他希望年岁能打个对折，为的是提醒自己要像 30 多岁的人那样工作。"要做的事情太多，生命太短暂了。"林占熺笑言，"我是一个还没过河的卒子——没有退路，只能向前。"

> 采访手记

菌草是一种草本植物，用菌草作为培养料，可栽培香菇、灵芝等 55 种食用菌、药用菌。30 多年来，在林占熺的推动下，菌草呈"燎原"之势，不仅筑起"生态屏障"，还成为脱贫的"致富金草"。这项新技术如何快速在农民手中"生根发芽"，对于科技特派员工作又有何启发？

以援外为例，林占熺把菌草技术看作"鱼儿"，他和团队在援外的过程中不仅授人以鱼，还授人以渔，提供了"养鱼""捕鱼""加工鱼"的整个产业链的扶助。他认为扶贫是菌草技术援外的出发点和落脚点，抓住了"产业扶贫"这个关键点，才使菌草援外得以不断推进，正所谓"为有源头活水来"。

有思路还要有门路。自 2005 年起，林占熺以科技特派员的身份在南非开展菌草技术基地建设与产业化扶贫，创建了“基地+旗舰点+农户”的模式，仅花了几年时间，就在南非夸祖卢-纳塔尔省建起了32个菌草旗舰点。

为了确保菌草技术进村入户收到实效，林占熺对技术流程进行了简化，让农户“一看就懂、一学就会、一做就成”，简单到连南非“穷人中的穷人”都能掌握，从而让成千上万贫困农民很容易地学会了菌草技术，在短时间内脱贫致富。

林占熺的实践也正说明了科技特派员不是简单的定点扶贫，而是要精准对接区域发展的科技需求，要因人因地施策，深入农村实际“对症下药”，让“顶天”的科研“接地气”，真正让农民“看懂学会”，从而让新技术、新产业能够真正扎根当地。

陈永忠

陈永忠在国家油茶工程技术研究中心核心育种基地观察新品种（李璐　摄）

● 湖南省林业科学院经济林学科首席专家，国家油茶工程技术研究中心主任。2009 年，被湖南省委组织部选派到邵阳县做科技特派员，带领团队推广良种和丰产栽培技术，通过科技引领支撑油茶产业，使之成为邵阳县的农业支柱产业，带动 3 万林农脱贫致富。

● 1985—2019 年，共计选育亩产油 30 公斤以上的油茶良种和新品种 94 个，获得国家科学技术进步奖二等奖、省部级科学技术进步奖等 20 余项科技成果奖励，获得全国先进工作者、全国五一劳动奖章、全国生态建设突出贡献先进个人等奖项，当选党的十九大代表。2019 年 10 月，在科技特派员制度推行 20 周年总结会议上受到科技部通报表扬。

油茶产区的科研“发动机”

——记“油茶博士”陈永忠

（俞慧友）

眼前这位 50 多岁的男人长着一张显而易见的“风吹日晒脸”，中等身材，灰白短发，或许是经常游走山林的缘故，身体看起来特别结实。

他叫陈永忠，是湖南省林业科学院经济林学科首席专家，国家油茶工程技术研究中心主任。老百姓口中，他还有一个称号——“油茶博士”。

陈永忠已从事油茶科研 30 余载，足迹已踏遍全国油茶产区的每寸土地。大抵是这样的历练，让他不但能行如风，语速也变得飞快。

“您最喜欢研究的就是油茶吗？”

“对！能让大家都吃上最好的茶油，这是我的心愿！”陈永忠声音洪亮地给出了肯定的回答，话里话外满是对油茶产业的热爱。

茶油是一种高营养的优质食用油品。但每一滴晶透的油滴背后，是许多人付出的辛勤劳动。陈永忠就是这些人中的一员。为了获得最理想的那一株高产油茶树，并让它们开花结果，为人们创造效益、产生价值，陈永忠的努力始终是“现在进行时”。

缘起：革命老区“种”下油茶“种”

1965 年，陈永忠出生在广西南宁市横县的一个小乡村。幼时生活的贫苦让他懂得珍惜每一个学习知识的机会，也培养了其坚忍不拔的意志。

国家刚刚恢复高考不久，1981 年，他以优异的成绩考入了中南林学院[①]经济林专业。也是从那年起，他与油茶结上了一生的不解之缘。

1985 年，本科毕业的陈永忠被分配到离学校不太远的湖南省林业科学院，从事油茶科研工作。刚参加工作，他和同事们一起来到湖南省岳阳市平江县做试验研究。那时的平江县还属于全国有名的“老、少、边、穷”地区，农村还处在迈向温饱的阶段。

陈永忠和同事们借宿在当地农民的家中。“那时候的房子低矮老旧，屋里只有几个自制小木凳，可以说是‘家徒四壁’。虽然乡亲们日子很紧，但他们对我们都特别热情，总把家里能拿得出来的最好的东西给我们吃，对我们嘘寒问暖。他们也对我们充满了期盼，期盼我们能让他们的山绿起来、生活好起来。”回忆起那时的场景，陈永忠记忆犹新。

在平江的那段时光对陈永忠后来的人生影响很大。在当地，有一个家喻户晓的老红军喻杰的故事。喻杰退休后，领着全家从北京回到家乡落户，种菜、养猪，带领当地乡亲们植树造林，让 5000 多亩荒山披上绿装。革命老区的贫困情况、老红军的奉献精神影响了陈永忠，让他在心底暗暗立誓，要用自己所学助力村里摆脱贫困。“我想把那里的 6 万多亩油茶种好，让他们早点过上好日子！”陈永忠讲这话时，眼里闪着泪光。

不抛弃不放弃，“露水财”成了“摇钱树”

油茶是我国特有的优质食用油料树种。起初，油茶亩产茶油仅 3 ～ 5 公斤，年产值不过数百元。因此，油茶也成了老百姓眼中的“露水财”。

要让老百姓依靠油茶脱贫致富，首要的是选育优质高产的良种。

① 2005 年更名为中南林业科技大学。

不过，品种选育可不是一朝一夕的事。

林业生产周期长，与之对应的林业研究更是如此。油茶光从种子播种到开花结果就需要 5 ～ 6 年，培育一个新品种至少要 15 年时间。比如培育杂交新品种时，从制种到形成杂交种子需要 2 年，杂交种子播下去，经过 4 年才开始挂果，又要持续 3 ～ 4 年的产量观察期和主要经济性状测定期，才能初步确定它是否能成为优良种质材料。此后，还要经过多年的检测观察和数据收集。基于第一次的结果，选育还要重复之前的过程，方有可能得到一个性状优良的新品种。若结果不理想，时间还会拉得更长。

为育出高产油茶品种，陈永忠常年奔走于全国 14 个省份的油茶产区，跋山涉水，风餐露宿，收集育种需要的各种基因资源。在开展杂交育种时，他和同伴们连续几个星期都在油茶林中穿行，找花蕾、配花粉，寻找想要的理想种子。经常一天下来，陈永忠身上黄一块、白一块，满是黏黏的花蜜，还有“万花丛中过”沾的花瓣。辛苦了一个白天，手臂、脖子酸痛到难以忍受，晚上他还得抓紧整理收集来的材料和数据，常常不知不觉就到了深夜。

科研的道路从来都不会一帆风顺，往往让人“死去活来”。陈永忠就有过几次难忘的经历。

1996 年，他所在的整个团队只有 4000 元科研经费，必须极度俭省。不少同事选择了转行，课题组就剩下了他和另外一个人。

不仅是经费，还有其他的“不测风云”。有一次，陈永忠跑遍湖南、广西、江西、贵州等地，收集了 1000 多份筛选好的样本准备育种。怎料 1998 年的那场特大洪水，把他们进行育种科研的实验林场冲得一干二净，珍贵的种子和科研数据化为乌有，数年心血荡然无存……

这些，只是陈永忠油茶科研路上遇到的困难中的点滴，但他选择了坚守，四顾无助时，就靠心里曾暗暗立下的要让乡亲们依靠油茶脱贫致富的誓言支撑。

若说不沮丧，那也是假话。但伤心过后，还是要咬牙重新制定试验方案，从头再来！

有志者事竟成。经过十余年的艰苦试验，陈永忠团队终于从上千个组合中，择优筛选、培育出了“湘林油茶”高产杂交新品种，让亩产茶油从过去的3～5公斤提高到现在的50公斤，亩产值达5000元。

油茶不再是“露水财”，而成了“摇钱树”！

放大油茶产业辐射度，三万林农致了富

2009年，陈永忠被湖南省委组织部选派到邵阳县做科技特派员。

“湖南有60%的贫困人口在山区，当地能发展的产业并不多。油茶兼具很好的经济、生态和社会效益，在南方低山丘陵区潜力巨大。”陈永忠这样描述油茶在湖南农村经济中的“地位”。

陈永忠在对邵阳县各乡镇、企业、林农的走访调研中，发现县里油茶林大多为20世纪六七十年代造的老林，产量低、效益差，当地人普遍缺乏良种和技术，企业投资意愿也不强，普遍对发展油茶产业缺乏信心。

为了推广油茶，他带着自主研发的“湘林油茶”新品种及配套栽培技术，开始在这个国家级贫困县游说。

要让林农相信油茶“靠谱”，首先需要让他们“眼见为实”。在县委、县政府的支持下，陈永忠带着1万余株“湘林”系列良种苗木，在白仓镇迎丰村建立了第一个油茶示范林，开始向林农们传授种植技术。

2013年当地茶油亩产量超过了5公斤，2014年亩产达到12.5公斤，大幅度超过了原有老油茶林的产量。2015年，茶油亩产28.2公斤。2016年进入盛产期后，茶油亩产达到了45公斤……

每年成倍上涨的数字、实实在在的示范效果，让林农和企业都看到了种植油茶的希望。

这期间，陈永忠不懈地开展技术培训与示范推广，为当地培养了一大批技术人员，也坚定了当地政府发展油茶产业的信心。

在政策与科学技术的双引领下，一片片高产油茶基地出现在邵阳大地上。日恋茶油、华强粮油、瑞柏茶油、中天金谷等一批企业相继落户邵阳县。在塘渡口镇石桥村、小溪市乡山田村，陈永忠还支持当地企业建了两个油茶良种苗木繁育基地，面积 120 亩，每年可嫁接培育优良无性油茶苗木 600 万株，共计嫁接培育优良无性油茶苗木 2000 万株。

此外，他和他的团队还当起了全县 24 个油茶“四旁”（村旁、宅旁、路旁、水旁）造林试点村的决策咨询和技术支撑顾问，帮助完成油茶“四旁”造林 43.3 万株，进一步拓展了油茶造林空间。

陈永忠（前右）在进行油茶丰产栽培技术培训（唐炜　摄）

在邵阳，陈永忠还牵头实施了国家重点研发计划、国家林业和草原局推广项目以及省重大科技专项等多个研发项目。

在白仓镇瓦屋村新建的80亩油茶新品种试验示范基地上，陈永忠带领团队在新品种示范的基础上，进一步实施标准化示范、提升油茶经营水平，多次组织科学施肥和修枝整形技术培训。在发现是由大规模机械整地和措施不规范造成水土流失后，他又提出间种牧草技术。他经历多次试验，成功筛选出百喜草及其配套技术，这些牧草不但能当饲料，还能保持水土，提高土壤肥力。2015年9月，全国林业标准化工作会议在邵阳召开，陈永忠的示范基地成了代表们的参观现场。

在陈永忠及其团队的努力下，邵阳县成了“中国茶油之都”。全县油茶种植面积近70万亩，年产茶油约2万吨，年产值20多亿元，累计带动3万多林农实现脱贫。

十年磨一剑，“油茶博士”育出一批“致富代言人”

从2009年开始，陈永忠在邵阳担任科技特派员已有十余年时间。这些年里，一大批油茶种植户在他的带领下，成为油茶的“致富代言人”。

在陈永忠的指点下，退伍伤残军人周根生带领群众建设了1.2万亩的油茶基地，全部盛产后年收入可达3000万～4000万元。周根生从原来的困难户成了村里的“最美扶贫人物”。

大学毕业回家创业的代表吕金峰在邵阳建了5000亩的油茶基地。陈永忠主动引进省内外优良品种，推行标准化栽培，在他的帮助和指导下，这个基地成了2015年全国林业标准化工作会议的示范现场；吕金峰也从过去不懂油茶的大学生成长为邵阳油茶产业协会秘书长，成了能创建自主品牌、带领群众共同致富的能人。

不管油茶种植面积的“盘子”有多大，陈永忠的初心始终如一——帮助更多人脱贫致富。比如，白仓镇黄连村贫困户、60 多岁的莫田清有 40 亩油茶林的“家底”，可苦于缺乏技术，油茶挂果总不如意。陈永忠获悉后，多次上门为他现场指导，对其中不挂果的树进行换冠改良。在他的指导下，经过两年的精心管护，莫大爷的油茶林收益达到了 5 万元，他顺利摘掉了“贫困帽”。

“一亩茶山百斤油、子子孙孙不用愁；百亩茶山万斤油，又讨媳妇又盖楼。”富起来了的乡亲们高兴地编唱着油茶顺口溜。

陈永忠（右一）在莫田清的油茶林中指导嫁接换冠（莫小勤　摄）

打造油茶强省，油茶成山区“铁杆庄稼”

在陈永忠的言传身教下，他的团队越做越大，已有12名成员成为“三区”科技人才，4名成为省级科技特派员。

在江西、广西、贵州、河南和云南等省（区、市），以及湖南的新宁、澧县、辰溪、溆浦、中方、茶陵、湘乡、宁远等地，陈永忠和他的团队坚持开展技术服务，累计指导建立油茶示范基地400多万亩，举办油茶实用技术培训班200余期，培训林农近5万人次。

历时10年，在陈永忠和全省同人的努力下，湖南油茶从1700万亩发展到2110万亩，覆盖了全省14个地（州、市）120个县，年产茶油26.2万吨，产值450亿元，占据全国近一半的市场。其中，油茶的科技贡献率达70%。

陈永忠则是“科技贡献率”里的科研“发动机”。目前，湖南省林业科学院油茶科研团队从2人发展到了13人，先后建成了国家油茶工程技术研究中心、油茶种质资源国家级收集保存库两个国家级平台，集聚湖南省油茶产业支撑和成果转化平台。

如今，湖南不仅立志“创建茶油品牌，打造千亿特色产业”，还计划把湖南茶油品牌推向粤港澳，这与陈永忠团队的努力分不开。他主导选育的“湘林油茶”已是享誉全国的良种，也是南方地区的当家品种。在湖南，14个地（州、市）的21个采穗圃里，平均每100株油茶苗中就有92株是由陈永忠团队选育的，“湘林油茶”种苗已累计种植5亿株以上，在全国推广达400多万亩。该项目成果还荣获了国家科学技术进步奖二等奖。

> 采访手记

陈永忠是一位不善言辞的埋头苦干者，是一位实干家。

都说“谁知盘中餐，粒粒皆辛苦”。种难，育种更难，林业育种则是难上加难。对经济林树种来说，仅培育良种就需要十余年甚至几十年的努力，这的确是一场艰辛的“长跑”。

这样的“长跑”中，他经历了无数坎坷，承受过成果一朝付诸东流的心理打击。多年辛苦，被一场洪水轻易地“洗劫一空”。重启科研，他必须再多花上几年时间。这是多么让人沮丧的事？闭眼想象一下，都能感受到那种揪心。

很多人退缩了，选择了改行，但他依然不抛弃不放弃，坚持到底，这种对科研的锲而不舍，背后是心里造福民众、为民谋福的强大意念在支撑。

结果也没让他失望。看着山村里的父老乡亲种着自己培育出的油茶苗，收获了富足的新生活，满足写在他脸上，快慰萦于他心怀。

潘洪强

潘洪强正在查阅相关水产养殖资料（过国忠 摄）

● 江苏省农村科技服务超市溧阳特种水产分店店长、江苏省科技特派员。30 多年来，在水产养殖一线潜心搞科研，带头建立起江苏省四大家鱼原良种繁育基地和省绿色河蟹养殖基地，专注水产养殖科研与科技成果转化，带动农民走生态养殖致富路。

● 先后主持完成省部级各类科研项目 25 项，7 项发明专利获国家知识产权局授权，出版专著 6 部。曾获得我国水产行业最高科技奖——中国水产学会范蠡科学技术奖。

● 2019 年 10 月，在科技特派员制度推行 20 周年总结会议上受到科技部通报表扬。

潘洪强的
采访视频

自学成才，水塘“捞”出富农宝贝

——记范蠡科学技术奖获得者潘洪强

（过国忠）

个头中等、身材魁梧、皮肤黝黑、声音洪亮，在江苏省溧阳市水产良种场见到水产养殖专家潘洪强时，他正站在池塘旁，与前去调研的溧阳市科技局的领导共同商讨水产良种场的未来发展。

在溧阳长荡湖周边的水产养殖户眼里，潘洪强是一位“大能人”。30 多年来，养殖户们无论遇到什么样的难题，总会想到给他打电话、发短信，而他也总会在第一时间帮着拿出解决方案，因此被人们称为养殖“神医”。

结缘养殖业，炼成“土专家”

溧阳市地处苏浙皖三省交界，素有“鸡鸣醒三省”之说 。这里不但水域广，而且自然生态环境好，尤其是长荡湖，湖底平坦、水源充足、水质清新，水生生物资源十分丰富。

潘洪强是土生土长的溧阳人，在他眼里，长荡湖周边是养殖螃蟹、虾、鱼等高效农业特色产品最合适之地。

“关键是怎么去发展、怎么去养，怎么让农民走上养殖致富路。”在简陋的办公室，说起自己是如何从事水产养殖的科研与技术推广工作的，潘洪强有些激动。

“我自小就喜欢学习，无论是小学，还是初中，我的成绩在班里一直都是名列前茅。”潘洪强是个遗腹子，从小生活在农村，家里缺乏劳动力，兄弟两人全靠母亲和亲戚照顾。初中毕业后，别的孩子都上高中、上大学或进工厂、进机关，他却因家庭问题被迫回家务农。

“那时，农村的生活很苦，一年辛辛苦苦下来，不少家庭都吃不饱。”正因如此，潘洪强对农村和农民有着与别人不一样的感情。

潘洪强在简陋的办公室里整理图书（过国忠 摄）

在村民眼里，潘洪强是个不服命运安排、有头脑的人。务农期间，他就想方设法自学文化知识和专业技能，种田、养猪、养鱼、木工，他样样都干过。

1980 年，父母亲的历史问题得到解决，潘洪强被安排进了溧阳市水产良种场，从此与养殖业结缘。

刚开始，他还是一个临时工，良种场也没让他养鱼，只让他负责修理生产工具、修造小渔船。

用潘洪强的话来说，“我并不是水产养殖专业科班出身，后来能成为一位懂水产养殖技术，还会给鱼、河蟹、虾看病的‘土专家’，完全靠一股韧劲自学。”

在良种场里，潘洪强干着修修补补的木工活，但喜爱养鱼的他经常跑去种苗基地和水塘，与工人们探讨水产养殖问题，琢磨着学习养殖技术。

潘洪强深知自己文化程度不高，怕跟不上科技和经济的快速发展，他白天在良种场上班，一下班就步行 4 千米，再乘车 15 千米，去夜校学习。自 1985 年起，他还先后赴溧阳教师进修学校、南京师范大学、安徽外贸学院、上海水产大学[①] 等学校，参加各种形式的培训和学习。

搞科研难，在农业一线搞科研更难。为搞清楚螃蟹的习性和水体生态资源化对螃蟹生长的影响等问题，从春天投苗种起，潘洪强就吃住在示范基地，经常半夜起床手执电筒，到滩涂反复观察螃蟹和水情的变化，收集各类指标数据。好几次，他甚至一不小心跌进了水塘中。

30 多年来，潘洪强习惯了在养殖水塘边转悠、观察。对他而言，水塘就是他的实验室，水体就是研究的仪器，天气变化则是化学制剂。“我的这些科研成果都是从水里‘捞’出来的。”

功夫不负有心人。潘洪强开发的大规格优质河蟹生态养殖技术获得江苏省科学技术进步奖三等奖，他还摘得我国水产行业最高科技奖——范蠡科学技术奖。至今，他手写了 300 多万字的研究文稿，出

① 2008 年更名为上海海洋大学。

版6部专著，获授权的发明专利7项，参与制定国家水产行业标准3项，10多项成果获国家或省级奖项，这些数字都是他用辛劳和汗水换来的。

在他的带领下，溧阳市长荡湖水产良种科技有限公司建立起江苏省四大家鱼原良种繁育基地和省绿色河蟹养殖基地，基地每年培育鱼苗3亿多尾，供周边地区农户饲养成鱼15万亩，实现亩均效益2500元，年创效益达3.75亿元。这些基地成为省级良种繁育场、国家渔业科技示范场、渔业健康养殖示范场，该公司成为农业龙头企业。

转变养殖方式，家乡货名扬天下

肥满的大闸蟹是江南特产，大闸蟹的品质取决于水质。天下尽知阳澄湖，其实清澈的长荡湖也是适宜大闸蟹生长的宝地。

大闸蟹品质好不好，消费者说了算。市场上同类品种的大闸蟹，5两左右的一般也就卖到40元左右一只，而上黄镇长荡湖示范基地出产的精品大闸蟹，同样大小，不用走出上黄镇，就能卖到200元左右一对。

20多年前却是另一番情景。守着长荡湖这片好水的周边养殖户，每到螃蟹上市之时却会犯愁。

为啥？同样面积的湖泊或滩涂水塘出产的阳澄湖大闸蟹品质好、产量大，市场价格也卖得高；而上黄镇出来的螃蟹，虽然品质不错，但产量明显很低，又缺品牌，市场竞争力不强。

问题出在哪儿？如何让上黄镇长荡湖的螃蟹也能成为畅销货？

“1991年，一场百年不遇的大洪水让我茅塞顿开。当时，大水把养殖区内套养的鱼冲走了不少，基本就剩下了螃蟹。没想到10月螃蟹开始上市时，养殖户捕捞上来的螃蟹只只肥大，整个养殖区产量创下历史新高。”潘洪强回忆说。

通过反复观察和调研，潘洪强发现，之前的问题主要是长荡湖过度密集养殖和生态环境受到严重破坏的“后遗症”。他告诉大伙儿，必须走生态养殖的发展路子，降低生产成本、提高产量和产品规格，发展高产、优质、高效的河蟹养殖业。

当时，一些养殖户听说要减少投苗，就公开表示反对。潘洪强苦口婆心，一个个做工作，“生态养殖既能保持较高的养蟹生产力，又能合理而充分地利用自然资源，而且能适应生态规律，保持良性的生态平衡。都说阳澄湖大闸蟹好卖，只要养殖团队这样做，我就不信打不出长荡湖的品牌！”

为打消养殖户的顾虑，转变传统养殖模式，潘洪强个人先后垫资40多万元，带头组织职工合伙承包滩涂、水塘，开始进行生态养殖示范。

通过合理应用生态平衡养殖技术，按照生态学中生物占据各自生态位的特点，潘洪强带领职工建立起一个河蟹生态养殖环境，引进天然优质的中华绒螯蟹种，凭借湖泊、滩涂、河塘、稻田等地的良好生态环境，示范养殖3000亩，当年新增利税150万元。

养殖技术的示范成功令养殖户信服。第二年，潘洪强的生态养殖技术在上黄镇水产品养殖户中快速推广。近年来，上黄镇长荡湖大闸蟹在市场中的品牌影响力越来越大，每年螃蟹还没上市，全国各地的客商和食客就纷纷提前预约订购。

担任场长后，潘洪强进一步提升水产养殖业水平，创立了溧阳市长荡湖水产良种科技有限公司。2009年，公司设立了博士后工作站，此后常州市现代农业科学院水产研究所在此成立。他带领团队开展科研攻关，建立了鱼类、虾类等养殖科研示范基地。

在潘洪强的影响和带动下，溧阳水产养殖业快速发展，走上了一条生态高效养殖之路。

分文不取，全国传授技术

“我始终这样认为，无论是种植业还是养殖业，都不只是经验活，还是系统的技术活。”潘洪强常对农业科技人员说，引导农民转变农业种养殖的理念、改变传统农业的种养殖方法和模式，要依靠先进的农业生产装备和工艺技术。

2013 年夏季，50 年一遇的连续高温给长江中下游地区的河蟹养殖业带来了严峻挑战。为避免河蟹发生大面积死亡，潘洪强立即组织专家队伍，顶着酷热，深入别桥镇、埭头镇、溧城镇等养殖基地，开办培训班，争分夺秒地向养殖户传授应对高温的关键养殖技术。

潘洪强还将相关培训内容用手机短信发送给溧阳市水产良种场的养殖户们，并通过溧阳市农林局的平台发送给全市的水产养殖户，确保溧阳地区 11 万亩养殖河蟹在高温季节没有受到影响，确保全市 2200 户河蟹养殖户的产量没有减少。

2014 年，为更好地发挥科技特派员服务“三农”的作用，江苏省设立了一系列技术服务机构。潘洪强则在此时成立了江苏省农村科技服务超市溧阳特种水产分店，设立了潘洪强劳模工作室，他不仅跑蟹塘，还在网络上给农民们实时答疑解惑。

如今，潘洪强已退休，辞去了场长职务。但是，他退而不休，又一头扎入劳模工作室，重点扶持各地农户。特别是国家乡村振兴战略实施后，他每年自掏路费，把多年的研究成果和先进技术无偿送到泰州、榆林、井冈山、海东、拉萨等地。每到一处，他还不忘给当地的科技特派团成员免费讲课，传授各类水产品养殖技术。

湖南衡阳祁东县的张英俊下岗后从事水产养殖屡次失败，看了潘洪强撰写的《中华绒螯蟹生态养殖》一书后，仍有许多技术问题搞不明白，于是专程从湖南赶到溧阳去请教。

潘洪强热情接待了这位远方的客人，针对张英俊提出的问题，一一耐心讲解，还带着张英俊到水产良种场、中华绒螯蟹示范基地实地考察。现在，张英俊成了家乡的水产养殖能手，走上了致富路。用张英俊的话来说，“如果没有潘老师的帮助，我可能一辈子都翻不了身！”

潘洪强研发的大规格优质河蟹生态养殖技术，先后获得江苏省科技成果转化一等奖。目前，这项技术的辐射面积已突破 6 万亩，带来了近 3 亿元的总产值。这些年，他只要自己出了新书，总会主动赠送给周边有需要的农民，至今已累计送出 6000 多册。

潘洪强（右）与溧阳市科技局的领导商讨水产养殖技术推广工作（过国忠　摄）

这些年，像潘洪强这样的水产养殖专家出去讲课，邀请方一般会承担来回交通费用，还支付咨询服务费。可潘洪强一分不拿。很多同行和亲朋好友不理解，说他是个“老傻子”，有钱不赚。甚至，还有人公开责难他，一个半途出来的“土专家”，“坏了规矩”。

潘洪强听到后，总会这样回答，“我是一个共产党员，我的宗旨就是致富农民、服务农民。一人富不算富，大家富才是真正富……我是一名科技特派员，更应该带头做好科技服务。能助力乡村振兴、脱贫攻坚，为大家提供一点帮助，我心里感到很踏实、很幸福！”

> 采访手记

作为一名农业科技工作者、一名科技特派员，潘洪强最开心的事，就是看到养殖户在激烈的水产市场竞争中，通过他选育出的良种、传授的新技术、转化的新成果，解决了水产养殖的发展难题，降低了生产成本，提高了水产品的产量和质量。看到家乡的水产品成为市场的“抢手货”、一批批农民走上了致富路，潘洪强感到无比幸福。

家乡遇到连续高温天气、发生洪水，或出现大面积病害迹象时，潘洪强就会整夜睡不着觉，有时甚至会半夜爬起来，赶到水产养殖基地查看灾情。经常天一亮，他就跑到养殖户那里指导防病治病，生怕家乡养殖业遭受重大损失。

有一次，江南赶上了罕见的伏旱，水塘干涸、河水断流，甚至土地干裂。长荡湖周边的养殖场也面临着水质恶化、大闸蟹生病的危险。潘洪强心急如焚，整日下乡在养殖塘边指导防治，不是为了自己，而是生怕砸了“长荡湖”的金字招牌。

潘洪强是江苏自推行科技特派员制度以来涌现的典型代表，一大批“潘洪强”扎根基层、不求名利、无私奉献，尽心尽力促进农业增收、带领农民致富，成为农业科技的“传播者”和“致富带头人”。

20 多年来，江苏不断完善科技特派员制度，壮大科技特派员队伍，提升科技特派员层次和能力，整合各类创新资源，拓展服务的内容和领域，完善创新服务载体，实施科技精准帮扶，类似的举措对于推动农业科技创新、加快科技成果示范应用和产业化，起到了重要作用。

目前，江苏正在建立更完善的政府引导与市场运作相结合的科技特派员创新创业推进机制，探索建立适合不同地区、不同产业特点的科技特派员服务模式。预计到 2020 年年底，江苏省科技特派员队伍规模将达 7 万人，实现涉农县（市、区）科技特派员服务全覆盖，建设农村科技服务超市 500 家以上、科技特派员工作站 500 家以上、星创天地 200 家以上，形成一批高水平科技特派员创新创业与服务团队。全省科技特派员制度不断完善，环境条件进一步优化，将更有效地促进农民增收致富。

游艾青

水稻田里的游艾青（湖北省农业科学院　供图）

● 党的十九大代表，湖北省农业科学院副院长、首席科学家，湖北省科技厅粮食产业链首席专家，湖北省第一批农业科技特派员之一。

● 担任科技特派员的十余年间，长期深入农业生产第一线，结合农业供给侧结构性改革的需要，针对湖北水稻产业的发展现状，组织专班深入实施科技扶贫工作，走出了一条科技扶贫与产业扶贫相结合的精准扶贫之路。

● 获得“全国农业科研杰出人才”“国家有突出贡献中青年专家”等十多项荣誉称号。2019 年 10 月，在科技特派员制度推行 20 周年总结会议上受到科技部通报表扬。

钻进产业搞科研，育种创新暖人心

——记湖北水稻专家游艾青

（刘志伟）

湖北是众所周知的鱼米之乡，然而，2010 年以前，那里都还没有一个能叫得响的大米品牌。2008 年，游艾青成为湖北省第一批农业科技特派员中的一员，他说，“农民、企业和消费者的需要，就是我们努力的方向”。

几年间，游艾青和他的团队创新的“科研 + 公司 + 基地 + 农户”精准扶贫模式，对“鄂中 5 号”“广两优 5 号”等优质中籼稻新品种进行产业化开发，与大米企业形成了良好的产学研互动，打造出多个响当当的优质米品牌，带动农户脱贫增收。

选育本地新一代优质中稻品种

20 世纪末，水稻专家游艾青面临着一个难题：湖北作为鱼米之乡，却缺乏良种水稻，农民用的都是外地种子。

经过调查，游艾青发现，这个难题的主要成因在于湖北很多地方的水稻种植已从两季改为一季，中稻品种需求陡增，而湖北的育种机构没有跟上这个形势。

随着农业生产的发展，水稻由过去重数量开始转变为重质量，老百姓也从追求“吃得饱”转变为追求“吃得好”，提升稻米的口感、品相和香味方面的特性变得越来越重要。

“这需要我们搞科研、想法子。过去我们都是围绕产量做文章，现在更加注重大米本身的质量和经济效益。”游艾青说。

水稻是湖北粮食生产的重点，要牢牢抓住水稻生产这个牛鼻子，提质增效，开发优质高端产品，打造湖北品牌。游艾青立下目标：选育湖北自己的新一代优质中稻品种。

一年到头，游艾青休息的时间掰着手指头就能数出来。草帽和胶鞋一直放在他办公室最显眼的地方，因为试验田就是他的第二个“办公室”。“搞水稻育种，朝九晚五坐办公室是搞不成的，必须下田。”

杂交水稻需选用两个性状优良、在遗传上有一定差异但能互补的品种。杂交品种的选育过程极为烦琐，每个品种都要从成千上万的杂交组合中挑选，需要庞大的实验数据作为选种的依据。一位育种人平均一年至少要研究水稻的一万个杂交组合，有时候甚至多达三四万个，只有这样，才可能在无数个“偶然”中找到一个“必然”。

游艾青经常蹲在稻丛间，小心翼翼地把住穗头，剪颖、去雄、套袋、授粉、封口、记录、建档……夏天的太阳很毒，每次下田，他都全身湿透，像从水里捞上来似的。

十年磨一剑。这十余年对于游艾青和他的同事来说，就是几千个挥洒汗水的日常。为了缩短育种时间，他们在试验中引入了细胞工程和分子标记育种技术，使进度加快了一倍。

截至 2019 年，游艾青和他的团队育成了 5 个优质杂交中稻新品种。其中，“鄂中 5 号”高档优质稻已成为湖北省高端大米的主打品种，年推广应用面积达 50 万亩以上。

游艾青在优质稻示范基地查看水稻的生长情况（湖北省农业科学院　供图）

把“小作坊”变成脱贫增收的“火车头”

湖北宜昌市远安县茅坪场镇瓦仓村位于岗丘地带，大多农田处于山岗间的平坝中，温差大、阳光足，又有山泉水、冷浸田，素有“天然粮仓”的美誉，“瓦仓米”也小有名气。

湖北瓦仓谷香生态农业有限公司董事长汪宗平是土生土长的瓦仓村人，从小吃着“瓦仓米”长大。“村民们一直沿袭着传统的原生态种植方式，一年一季。”汪宗平想，米好吃就能卖个好价钱。从 20 世纪 90 年代开始，他便做起了卖粮的生意。

“那时挨家挨户去收米，然后运到外地卖，赚个差价，但忙活来忙活去也仅能维持一家人的生计。”汪宗平回忆道。后来为了发展，他又牵头成立了远安县瓦仓村大米专业合作社，年粗加工规模一度达到2000吨。

人人都说“瓦仓米”好，可摸爬滚打了几年，这种米却一直不温不火，就是卖不出好价钱。汪宗平差点儿打退堂鼓。

2008年，游艾青将“鄂中5号”原种带到瓦仓村，无偿支持进行“瓦仓米”高档优质品种的生产和开发，弥补了“瓦仓米”高端米产品的空白。不仅如此，游艾青团队还在高档优质稻品种选育、配套栽培技术研究以及品质提升与品牌打造等方面，全方位助力汪宗平的“瓦仓米”发展。

藏在山里的“瓦仓米”迎来了规范化、规模化、标准化、优质化的种植和产业化的发展。如今，“瓦仓米”逐步实现了统一提供品种、统一育秧服务、统一机械插秧、统一管理技术和统一粮食收购。

2018年，远安县大山深处的“瓦仓米”核心基地，通过示范高档优质稻“鄂中5号”，辐射带动了茅坪场、洋坪、旧县、河口等4镇10村种植优质水稻品种10万亩。

湖北瓦仓谷香生态农业有限公司在游艾青及其团队的技术支撑下，几年时间就从一家作坊式的加工厂成长为一家年产值几千万元的现代化农业产业龙头企业。通过新品种、新技术的示范带动扶贫脱贫，帮助当地1260户农户累计增收1000余万元。

产业难题在哪里，科研就“钻”向哪里

前些年，种粮效益不高，虾稻共作一度出现“虾强稻弱”的局面，虾稻贱卖寒了种粮人的心。

潜江市楚稻虾虾稻共生专业合作社负责人刘辉对此颇有体会。“虾稻米是不是好米，最终市场说了算。市场上不认可，何谈卖出好价

钱？”刘辉坦言，过去农民认为虾稻与常规稻相比，好在哪里没人说得清，消费者也不了解，所以盲目跟风选品种。虾稻品种优劣不一，最终种出来的很多虾稻只能被当成常规稻售卖。农民种植虾稻的积极性受到打击，部分农民开始少种稻，甚至不种稻。

湖北省虾稻品种繁杂，生产过程中又缺乏技术标准，这是虾稻品质参差不齐、虾稻贱卖的主要原因。游艾青带领团队调研后认为，选育虾稻专用品种迫在眉睫。

产业难题在哪里，科研就“钻”向哪里。游艾青带领团队从全国搜集来的 108 份优质稻种材中，最终确定“鄂香 2 号”“华润 2 号”“香润 1 号”“福稻 88”和“鄂丰丝苗”等几个高档优质稻品种，示范推广面积 20 万亩。2019 年，他们从这几个品种中优中选优，筛选出适宜虾稻共作模式的“鄂香 2 号”和“福稻 88”进行主推。

2019 年 10 月，游艾青带领团队成功繁育出高档虾稻新品种“虾稻 1 号”，它是湖北省首个虾稻共作模式的专用优质水稻品种。

制定虾稻绿色高质高效生产技术规程，完善标准化技术体系，建设标准化示范区，定位试验水稻，实现肥料精准减施……团队成员不辞劳苦，奔走在田野间。

刘辉的合作社成为受益方之一。在科研团队的指导下，合作社的稻谷越来越金贵，虾稻的收购价连续两年都在每斤 1.7 元以上，供不应求。在消费市场，加工好的虾稻米每斤价格超过 10 元。虾稻共作平均亩产水稻 600 公斤、小龙虾 150 公斤以上，亩均纯收入 3000 元左右。

在潜江市巨金米业有限公司的工厂里，一袋袋“水乡虾稻”大米从流水线上鱼贯而出，装箱上车，发往省内外。巨金米业与潜江当地水稻种植合作社及种粮大户开展合作。2019 年 12 月，该公司成功跻身第六批农业产业化国家重点龙头企业。公司负责人李广斌说：“旺盛的市场需求是对品质的肯定。”

科研无止境。游艾青的团队还在继续对更多的优质水稻种材进行筛选，将来会选育更多适宜虾稻共作模式的专用型水稻品种和高档品种，大幅度提高稻米品质。

“科技人员必须转变过去那种‘关门研究’的科研方式，要到产业中去凝练科学问题，围绕制约产业发展的问题去进行科技创新。”游艾青是这样说的，也是这样实践的。

“一县一品”，精准扶贫的好抓手

游艾青经过多年的实践和探索，认为“一县一品”的特色产业开发是助推精准扶贫的好抓手。

这些年，除了育种，游艾青把越来越多的时间花在科研、产业和扶贫共进上，打造出了“国宝桥米”“瓦仓大米”“竹溪贡米”“罗田女儿红”等多个优质米品牌。

2011 年，游艾青带领团队成员乘火车亲赴远在 600 多千米外的十堰市竹溪县中峰镇，一路奔波，几经周折，到湖北双竹生态食品开发股份有限公司的基地进行实地调查，在品种布局、水肥管理、仓储加工、销售渠道等环节为“竹溪贡米”的发展“问诊把脉”。

他们根据竹溪贡米专用特色新品种的品质特征，筛选出香型优质稻“香 5”和“广两优 5 号”两个优质水稻品种，作为“竹溪贡米”专用特色新品种进行试种示范。

高档优质杂交稻“广两优 5 号”有机种植平均每亩产量达到 550 公斤，米质达国标二级，较以往种植的其他品种每亩增产 10%、增收约 130 元；改变以往的覆膜水稻栽培模式，每亩可以节约农膜成本

85 元，每亩节省铺膜工时 1 个、工时费 100 元，合计每亩节约支出 185 元。新品种带来了增产，新技术节约了成本，农民生产高档优质稻的效益突显。

有机“竹溪贡米”生产基地稻谷沉甸甸、金灿灿，香味飘逸，湖北双竹生态食品开发股份有限公司总经理徐辉的脸上堆满了丰收的喜悦。

在革命老区罗田县，游艾青带领团队制定出符合当地实际的“红色扶贫”方案，选育出具有广适性的红米品种“罗田女儿红”。该品种在罗田绿叶农业科技发展有限公司的核心基地落地生根。

“罗田女儿红”粒型细长，外表红润，垩白小，透明度好，商品性好。该产品荣获 2015 年度湖北省精品粮油展“金奖产品”、2017 年中国武汉农业博览会“优质农产品”。

罗田县三里畈、白庙河等镇，该品种的亩产量水平稳定在 500 ～ 550 公斤，高产田块产量可超过 600 公斤，亩增收稻谷 50 公斤。红米新品种、新技术的示范与应用带动革命老区脱贫，扶贫帮困带动农户 230 户，为农民年增收 50 余万元。

在湖北国宝桥米有限公司的优质稻示范基地，游艾青团队发挥省农业科学院在高档优质稻品上的强大优势，开展稻虾共作高效种植模式和高档优质稻全程机械化种植等相关试验和示范工作，助力当地产业扶贫。

在京山县石龙镇建立试验示范基地，省农业科学院优质稻育种团队以湖北国宝桥米有限公司为纽带，与石龙镇的 6 个村签订服务协议，帮助村民每户增收 5000 多元，带领他们通过种植优质稻脱贫增收。

高档优质中稻“鄂中 5 号”“广两优 5 号”“香润 1 号”等优质中籼稻新品种的产业化开发，打造了优质稻米知名品牌，也支撑了产业的高质量发展。湖北大米品牌“国宝”被评为中国名牌产品和中国驰名商标，实现了鱼米之乡稻米品牌零的突破。

游艾青在枝江市问安镇察看优质超级稻品种——“广两优 272”的生长情况（李家发　摄）

2017 年 8 月 31 日，“湖北名优大米十大品牌”首次在武汉发布，其中半数品种来自游艾青团队扶持的县市基地。截至 2019 年年底，“国宝”“福娃”“虾乡稻”等 10 多家大米品牌与游艾青团队结成了战略合作伙伴关系。

游艾青说，建立优质稻基地，可为企业的生产提供优质粮源，打响湖北大米品牌，进而实现“科研 + 公司 + 基地 + 农户”的精准扶贫模式。

2020 年元旦刚过，游艾青已为新一年的科研工作定下计划：团队将继续选育优质稻品种，并加大示范推广力度，在潜江、枝江建设万亩优质稻示范片区，开展品种技术攻关，提升品质，在湖北大米品牌打造上形成合力。

> 采访手记

秋天是丰收的季节。田野上稻谷金黄，空气里弥漫着丰收的芳香。游艾青双手摩挲着他亲手培育的稻谷，脸上的疲劳被一扫而光。

游艾青出生在江汉平原的天门县农村，高考时填报的是当时的江苏农学院，3个志愿全部选择农学专业。1990年，他进入湖北省农业科学院粮食作物研究所工作，每年跟着水稻生长的节奏从北辗转向南，极少在家过春节。他这样要求自己，也这样要求每一位团队成员，“选择了水稻科研，注定要做一只候鸟”。

“种子加了一代，人也老了一岁。”岁月在游艾青的脸上刻下了道道印痕，他以苦为乐，选种育种，结出了累累硕果。

游艾青现在是湖北省粮食产业链首席专家，先后主持或参与选育优质水稻新品种15个，这些新品种累计应用面积8000多万亩。

“以前做育种，都是你做你的、我做我的，科研人员很少共享种质资源，只有零散的交换。现在搞育种的拔尖人才都集中到一起，针对全行业的共性问题协同攻关，劲儿往一处使。”他践行着科技特派员的使命，努力破除科研与经济“两张皮”的问题。

他成为湖北科技特派员中一颗闪耀的“明星”。2019年10月21日，在科技特派员制度推行20周年总结会议上，他受到科技部通报表扬。他用实际行动践行了初心和使命，激励着广大科技人员投身科技特派员的队伍。

截至2019年年底，湖北省共选派各级科技特派员25 000余名，其中省级科技特派员3227人，实现了全省37个贫困县全覆盖。2012年以来，湖北省科技特派员累计推广、转化农业科技成果300余项，带动农户200万户以上，培训农民工1400万人次。

王迎

王迎在宁阳县东疏镇老王庄村四倍体泡桐林农复合经营基地考察（王迎　供图）

● 山东省泰安市泰山林业科学研究院副院长、二级研究员。2016 年被聘为山东省科技特派员。获得科研成果 14 项，发表论文 34 篇，参编著作 6 部，培育植物新品种 14 个，培育林木良种 1 个，获得实用新型专利 4 项，参与的四倍体泡桐种质创制与新品种培育获得国家科学技术进步奖二等奖。

● 作为第一排名人，主持完成“农林复合杨树速生丰产林高效栽培模式研究”项目，获得 2008 年度山东省科学技术进步奖二等奖。作为第一培育人，培育出具有重大观赏应用价值的 6 个银杏新品种，并获得国家林业和草原局植物新品种权。作为主要起草人，主持编制了 3 项林业行业标准，参与编制了 18 项林业行业标准。

● 2019 年 10 月，在科技特派员制度推行 20 周年总结会议上受到科技部通报表扬。

王迎的
采访视频

把国家科学技术奖种到田间地头

——记山东林业科技专家王迎

（王延斌）

泰山脚下，绿树掩映，曲径通幽，拜访者需要把车开到附近，步行一小段路，才能走到王迎所在的泰安市泰山林业科学研究院。自从成为科特派，这位长期工作在林间的科研人员很少在此办公，距离泰安市区近 80 千米的宁阳县东疏镇成了他的新“战场”。

东疏镇乡亲们记挂着他的好，每每遇到，总会亲切地喊一句，“王教授，到家里坐坐吧”。在乡亲们眼中，这位从市里来的大专家将大家伙儿闻所未闻、甚至有些排斥的泡桐树种到自家门口，从最初的几百棵、几千棵，到后来的上万棵、几万棵，泡桐树连接成线、成片，成了乡亲们赖以为生的“摇钱树”。

泰安市科技局党组成员、泰山科学院党支部书记陈士昌深知王迎的付出，“身为科技特派员，王迎将自己参与的国家科学技术进步奖二等奖的成果移植到老百姓的土地里，让农民兄弟脱了贫、致了富，这贴合了科技特派员制度的本义。”

种树这件事，王迎在东疏镇一口气干了 4 年。

种泡桐“雪中送炭”

年近六旬的泰安市东疏镇潘家黄茂村村民杜玉振与土地打了半辈子交道，老伴身体不好，女儿出嫁外地，多重因素拖住了这个贫困户的“腿”。2016 年，王迎再三劝说，老杜才勉强同意将自家的口粮田腾出了两亩来种泡桐。

长期以来，在东疏镇，许许多多像杜玉振一样的农民兄弟固守传统，执迷于轮番种植小麦和玉米，“哪怕不赚钱，也不至于没饭吃”。

位于山东南部的东疏镇属平原乡镇，土地肥沃，水源充足，是重要的产粮区和桑蚕生产基地。多年的经验让这里的农民没有什么“非分之想”，而这也导致了初来乍到的王迎不得不面对这样的难题：发展什么才能让当地农民接受呢？

王迎已经在林业科研战线奋斗了 36 年，农林复合经营、植物新品种培育、林业标准化、林木种苗等都是他的“拿手好戏”。更重要的是，他清楚什么样的种苗容易培育，什么样的林木适合这里的土地，什么样的品种受市场欢迎。

身份转变后，王迎十分清醒：无论干什么，都不能脱离自己的本行——林木。顺理成章地，他获得国家科学技术进步奖二等奖的项目——四倍体泡桐种质创制与新品种培育（以下简称四倍体泡桐）成为首选。

王迎在人民大会堂参加国家科学技术奖励大会（王迎　供图）

2016 年年初，王迎正式进驻东疏镇，此时的田间地头已尽是青青麦苗。让农民兄弟除掉麦苗，种上不熟悉的泡桐，哪怕是“高科技品种”，他们也一万个不情愿。

想了几个晚上，王迎硬是憋出了办法：先实验，后推广，自掏腰包“兜底”——“保证每亩产出 4000 元之上，不够我自掏腰包给你们补贴”。这时候的王迎心里有底，做好了“兜底”的准备，“农民种一茬小麦不容易，让他们不折本才能建立信任关系”。

苦心人，天不负。这一年的四倍体泡桐尤其“争气”。

年初埋下 10 厘米长的种根，年底便蹿升到了 5 米高，5 厘米的胸径也让人喜出望外，每亩纯收入 6000 元以上，保证了实验效果，“当年育苗、当年销售、当年脱贫”的目标初步达成。

而杜玉振家出人意料地在当年年底便收获了 1.6 万元的苗木收入——老杜说，这是“雪中送炭”的一笔钱！

第一年就长到 8 米高，神了！

杜玉振种下的四倍体泡桐很神奇。

泰安市郊区红庙村种着这种树。在四周低矮作物的衬托下，笔直、高挑的四倍体泡桐自成一片。林子的主人李强虽然年轻，却种树多年，对四倍体泡桐的生长速度印象深刻，“第一年可达 8 米高、8 厘米粗，神了！”

在世界范围内备受欢迎的泡桐既喜光又耐阴，其幼年生长极快的速生品性深受人们喜爱。而四倍体泡桐更是被称为“速生树种中的速生代表”。

王迎说，中国拥有 46.8 亿亩林地，可谓资源丰富，但我国又是“全球第二大木材消费国”，木材严重缺乏。在北方，种植杨树成为“木材危机”的解决之道，但飞絮污染、病虫严重和材质不好成为其推广的短板；即使是泡桐，堪比人类癌症的“丛枝病”的存在和“低躯干大树冠”的外形特点都制约了木材的质量，也让试图引入种植的人望而却步。

河南农业大学泡桐研究所用了 20 年时间，以毛泡桐、兰考泡桐、白花泡桐、南方泡桐和“豫杂一号”泡桐种子为试验材料，利用现代先进技术成功获得了四倍体泡桐新种质，并引入“科技合伙人”王迎，后者有实力，手握 14 项科研成果，培育了 14 个植物新品种、1 个林木良种，有能力对新品种进行区域化改造、落地和推广。

熟悉的人说，作为北京林业大学的农业硕士，王迎在成果落地方面确实“有一套”。在东疏镇，他对四倍体泡桐种植技术进行了“傻瓜化”改造，普通农民也能轻松掌握，这加速了新品种的推广，也引起了科特派的“娘家人”——山东省科技厅的注意。在山东省科技厅的支持下，四倍体泡桐在东疏镇潘家黄茂村“一炮打响”，随后被引入山东省的 16 个市栽种并取得成功。

环顾国内，王迎的产业化实践如同四倍体泡桐的生长速度，成为这个获国家科学技术进步奖的品种产业化最为成功的案例。

根扎进土地，就能开枝散叶

“你只有深爱着脚下的土地，才能干出成绩。”这是王迎的感悟。

对东疏镇，他怀有深厚的感情。有一次，在往返宁阳和泰安的途中，王迎出了车祸，断了 9 根肋骨。病榻上，他一次次拨通电话，念念不忘东疏的泡桐栽培；下了病床，他做的第一件事便是赶赴东疏。那时候，他想的是“我必须对种植户负责到底”。

20 世纪 90 年代，王迎在东疏“包过村”①；2001 年，他作为泰

① 即当过包村干部，驻村进行协调指导和督查等工作。

安农业产业化工作队队长，挂职担任东疏镇副书记、副镇长，主抓的也是苗木。这意味着在施展拳脚之前，王迎已经在此扎下了“根”——既给科特派输送“营养”，也需要科特派反哺“营养”。

阅历成就人。这些年，王迎走南闯北积累下的专家资源，在驻镇帮扶过程中全都派上了用场。

王迎曾经被调到国家林业和草原局挂职锻炼两年，在此期间他与大量国家级专家相熟，这为其参与重量级科研项目、后期为东疏引入资源助益不少。此外，他长期在泰安市林业局供职，熟悉基层，也为其调动资源、推广成果提供了不少支持。

在 2019 年 11 月 14 日召开的山东省科技特派员工作会议上，作为典型代表发言的王迎回首了 4 年来的点点滴滴。感叹之余，他特别感激上级部门的支持。

王迎（右）向拜访者介绍苗木品种（王迎　供图）

典型的力量是无穷的。巨野县是山东省科技厅帮扶县，早在2016年，该厅就在巨野县太平镇朱丛村流转土地140亩，率先建立了山东省第一个四倍体泡桐科技示范园。之后，尝到甜头的巨野县计划将四倍体泡桐规模扩大到5万亩，要在全省率先建成四倍体泡桐产业化示范县。隶属于山东省菏泽市的巨野县有此决心，正是因为看到了王迎在东疏镇的成功实践。

王迎说："我是幸运的。"

这种幸运，在泰安市泰山林业科学研究院院长姜云省看来，"是天时、地利、人和都赶上了"。作为科技特派员，王迎在基层种下"国家奖"成果，带动一大批百姓脱了贫，自己也获得了"全国优秀科技特派员"的荣誉称号。这一切都是他用阅历和努力换来的。

"我做的一点点工作被肯定了，这让我既受宠若惊，又诚惶诚恐。"王迎说，"我希望这是一个起点。"

> 采访手记

接到获得科技部通报表扬的通知时，王迎正在准备国家林业行业标准的审定材料。作为国家林业和草原局林业标准审查专家库专家，忙碌是他的常态。突如其来的惊喜打断了他的日常。

王迎说，自己有两个"没想到"：其一，作为林业口的"资深"从业者，能够收到科技系统的高规格肯定，"没想到"；其二，用了不到4年时间，能从国内数十万名科特派中脱颖而出，斩获国家级"优秀科技特派员"称号，更"没想到"。

王迎说，这些年，自己最开心的事情都是科技特派员的历练带来的。

作为科研人员，他如果常年待在实验室，手握成果何以转化？正是科技特派员的经历，让他越来越了解农村贫困落后的现状，体会到农民脱贫致富的渴望，看到了科技成果转化的必要，也更深刻地认识到科技特派员的作用。

利用科技特派员的身份，他将自己熟悉的科技成果应用到农村，经过几年的实践探索，帮助农民走出了一条符合国家需求、市场前景广阔、农民易于接受、可持续的脱贫致富和乡村振兴的新路子。

科技特派员要干成事，需要有打大仗和打硬仗的勇气和智慧。王迎体会到了。

他说，潘家黄茂村人均1亩地，农民的土地都是沿用了传统的小麦—玉米两季粮种植模式。当时他们的土地都种了冬小麦，如果改种四倍体泡桐种根，就要把小麦全部耕翻另种，他们怀疑这根长不出来，担心这苗卖不出去。“这是风险，也是挑战，我有信心，也敢于担当，承诺如果失败，每亩补偿4000元，还写下了保证书。面对新技术，农民兄弟能不能接受，让我十分牵挂。但科技特派员的价值就体现在想办法克服困难上。”

优秀科技特派员是如何炼成的？王迎深知个中甘苦。

TYPICAL MODELS

模式篇

“八仙过海”各显神通 科特派多的是门道

协助厘清思路，确定发展重点；

扶持龙头企业，开辟产业高地；

提高农民素质，带出乡土人才；

积极牵线搭桥，“做媒”联络合作；

疏通信息渠道，搭建营销平台……

团队携手，探索模式制度；

形成产业，助力脱贫减贫。

真抓实干，强村益民；

农村富了，农民服了。

在线互动：云、AI与“网红”，科特派有了新玩法

（王延斌）

在去上冶镇现场看葡萄的车上，老徐接了 4 个电话。每接完一个，他就拿出记录本记下电话号码和问题。春去秋来，老徐接到的咨询电话有 3000 多个，上万个问题记满了 3 个记录本。

老徐全名徐明举。他其实不老，1972 年生人，华中农业大学园艺系果树学专业硕士。人们都说老徐的脑袋里装满了新知识。山东省临沂市费县有上千个村子，一对一的口口传授效率太低了。他不断总结，从办培训、发材料、大喇叭讲技术等传统形式中跳出来，借助新媒体和云技术扩大受众群，提升精准扶贫的力度。

徐明举的尝试映照出科技特派员借助互联网、大数据、AI 等新技术，采用新业态、新模式加强与“三农”在线互动的努力。这种互动既包含线下沟通，也包括线上交流。

在全国各省（区、市），这种互动有着不同的表现形式，比如福建的洋科特派、山东的农科驿站、“四川科技扶贫在线”等，体现了科特派工作独有的广度、深度和角度。

各省（区、市）的科特派在在线互动模式上多有独到之处，下面通过“解剖麻雀”式的聚焦，管中窥豹，展示科特派的这些“新玩法”。我们深信，在线互动模式源于农民的需求，契合时代发展的要求，但并非一成不变，在实践的深度摸索中，它还将继续变换。

云上地下：告别“大喇叭”，给果树插上互联网的翅膀

“山楂修剪技术怎么学？简单地说，就是一个‘裙子’加一个‘帽子’，下层剪得像裙子，上层剪得像帽子，中间用主干串起来。”晦涩的技术通过形象的语言，在老徐创办的国内首家进行果树技术直播讲座的果农乐视频网上传授。前一阵，临沂市人大、总工会的几位领导来考察，拿出手机给徐明举看：“我们都关注了你这个果农乐微信公众号。”

徐明举（中）正在为果农讲授修剪知识（徐明举　供图）

贫困户与互联网，这两个看似相隔十万八千里、八竿子打不着的名词在老徐这里结成了对子。为啥老徐的东西人家爱看？他有什么过人之处？费县果业局的朋友说，徐明举从大山走出去求学，学成后归来反哺家乡，他的脚上带着田间的泥土，接着地气。

现代农业对市场反应很敏感，一棵种苗、一种树形、一个新的管

理细节与技巧，都可能成就一个种植园，进而影响一种作物的种植前景。老徐深知其中的利害，如履薄冰。

2012 年，徐明举拜山东省水果创新团队首席专家、山东农业大学果树学教授陈学森为师，自此技术便又上了一个台阶。山东省内以及国内各大重要农业技术培训交流会，老徐都会到场，别人用笔记，他则录像，“录下来放在网上，更完整、更生动”。

徐明举（中）正在为果农讲授修剪果树的知识（徐明举　供图）

在果农乐的平台上，山东农业大学、山东省果树研究所、青岛农业大学等科研院校的技术成果直接落地。这些从科研前沿顺流而来的知识，让果农乐视频网在果农户中无形地树立了权威。

“线上互动 + 线下指导”，老徐将其命名为“云上地下”的融合科技扶贫模式，已经在费县、平邑等扶贫村服务培训合作社 3 家，依托合作社带动帮扶贫困户 20 户，现场培训果农 10 期，培训 2000 人次，帮助贫困户每人每年增收 650 元。

科技在线：百姓认可，让智力资源“能聚能散”

初秋，四川广元市苍溪县元坝镇风光村白明邦家的柚子园即将迎来丰收，虽然每株果树都有木棒做支撑，但足球大小的柚子仍把枝条压弯了腰。然而，前几年，白家柚子园还不是这样的——那时柚子树虽然长势良好，可年年开花少、结果少。

“当初采购柚苗的时候，我特地请教了其他种植大户，这土地也没问题，可还是开花结果少，到底是什么原因呢？”2019 年 2 月，带着疑问，白明邦打通了“四川科技扶贫在线”苍溪平台的电话。

3 天后，平台安排了县农业局吴世权、周兵两位科技特派员赶赴现场。经过一番调查，他们终于找到了问题的所在：一是用石硫合剂涂抹树干的时间不对；二是修枝不对，该剪的没剪，却把花枝给剪了。专家迅速开出“药方”：对石硫合剂进行降解处理，喷催花叶面药以促使果树开花结果。

秋天，白明邦家果园的产量大大提高，这便是“四川科技扶贫在线”平台的魅力。

四川科技扶贫在线

首页　专家服务　技术供给　产业信息　供销对接

当前位置：首页 > 专家服务 > 搜索

专家搜索：　搜索

专家领域：	不限	水稻	玉米	小麦	青稞	苦荞	油菜	隐藏
	大豆	花生	薯类	中药材	花卉	竹	林木	
	烟草	蔬菜	食药用菌	魔芋	葡萄	猕猴桃	柑桔	
	梨	樱桃	草莓	桃	李子	枇杷	苹果	
	芒果	柠檬	茶叶	核桃	花椒	木本油料	饲草	
	家禽	水禽	生猪	肉牛	肉羊	奶业	兔	
	水产	蚕桑	加工物流	生态环境	农机装备	其他	脑卒中	
专家级别：	不限	正高级	副高级	中级	初级			

“四川科技扶贫在线”页面

2016 年，“四川科技扶贫在线”平台按照“六有”（有机构、有职能、有人员、有场地、有条件、有经费）的标准开通。它整合了农业科技园区、农村产业技术服务中心、科技特派员工作站、星创天地、众创空间、科技示范基地、科普宣传和培训基地等线下农村科技服务资源，建立了 104 个实体化的运管中心，建设了近 200 个村级驿站，科技特派员实现了对全省贫困村的全覆盖。

四川农村贫困程度深、类型复杂、情况多样，在线平台需要得到基层的高度认可。这个平台从驻村农技人员、第一书记、农业大户等群体中遴选了 4.1 万名信息员，专门收集贫困地区的科技需求，开设了类似“110 警务中心”的智能专业分诊，确保最合适的专家以最快的速度处理问题。

科技扶贫在线的试点先行赢得了基层的认可，目前四川已经实现了对 88 个重点贫困县的全覆盖，下一步还将分批推进。

顺势而为：改变传统玩法，农田里来了“新队伍”

当“歪果仁”遇上中国茶，会发生什么样的化学效应？以色列籍北京大学留学生高佑思所在的“歪果仁研究协会”是福建省武夷山市聘请的第一个网信科特派团队。

2018 年，高佑思到武夷山市星村镇的农民合作社体验科技特派员工作。在此期间，高佑思参与了机械化采茶制茶的全过程，并拍摄了《不如吃茶去》主题视频。视频上线后引起广泛关注，网友纷纷转发并点赞，网络上甚至刮起了一阵要到武夷吃茶去、要到中国吃茶去的“旋风”。

此后，高佑思还邀请北京大学“发展中国家公共管理硕士项目”的留学生加入团队，这群中外青年混搭的视频制作人员现场制作茶旅短视频，通过多种手段向全世界传播“武夷山水”品牌。

做好新时代科技特派员的工作，必须顺应新时代社会经济的发展趋势。武夷山市顺势而为，培养了一支顺应信息化发展、具备互联网思维、掌握网络信息传播规律，能够通过互联网组织群众、宣传群众、引导群众、服务群众的全新科技特派员队伍，即网络和信息化科技特派员（简称网信科特派）。

在“歪果仁研究协会”赢得满堂喝彩后，尝到甜头的武夷山市聘请了第二个、第三个、第四个网信科特派团队。这些由外籍、高校、本地三类人才组成的网信科特派，不但发挥了向世界讲好中国故事、推广乡村振兴案例的独特优势，更在引入优质资本和落地实体项目等方面起到了重要作用。

之后，通过网信科特派，武夷山市又与“大话熹游——青年之家”虎牙·武夷山水团队携手发力，打造“生态银行”+科特派+网信+武夷山水品牌的新模式，加速五夫镇以朱子文化、古民居为代表的生态资源实现从资源变资产、资产变资本的“三资转换”。

环顾国内，一批数字发展领域的科技特派员顺应信息技术革命的新浪潮，紧跟智能经济发展的大趋势，正利用 AI、物联网、互联网等技术，参与农业农村的服务与创新创业，推动智慧农业发展。

在福建省星源农牧科技股份有限公司的现代化猪场，智能巡检机器人成为吸睛的亮点。机器人可以代替人来养猪。人们发现，这种机器人不仅能够测量猪的体重和背膘，盘点猪的数量，还能根据实时的背膘和体重数据、生产数据等自行进行预警，并给出适合的饲养方案，以达到精准饲养的目的。

这是福建省科技特派员、福建省农业科学院农业工程技术研究所助理研究员吴飞龙与该所科技服务团队为企业引进猪场智能化管理系统的缩影。利用这种系统，工作人员通过手机“智农通”App 就能远程操控猪场内的智能硬件，实现了智能饲喂、盘猪与称重、膘情监测、可追溯管理等功能。

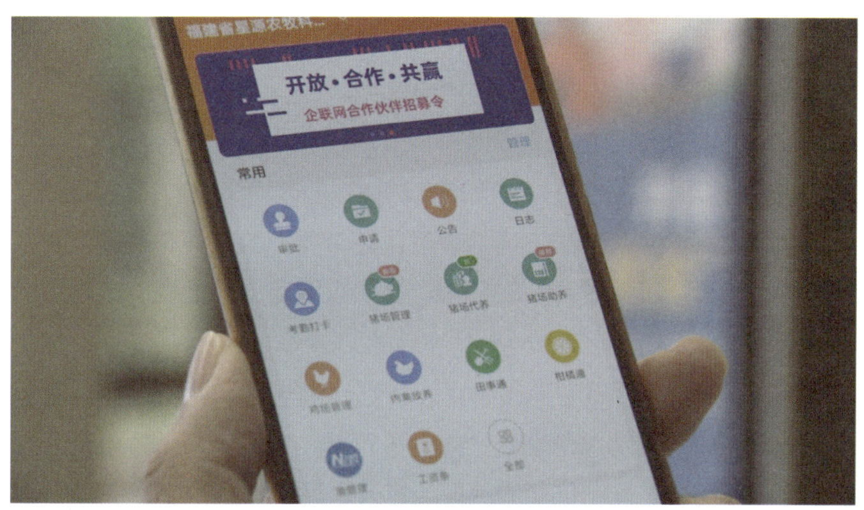

“智农通”App界面（吴飞龙　供图）

当下，星源现代化养猪场正瞄准“智能猪场”，即用数据智能来提升养猪效率与经营绩效，用算法模型自动替代人工的部分决策。利用互联网、物联网、大数据等先进技术，该养猪场已经将智能围栏、智慧能耗管理、AI可视化系统等板块落了地，猪的体重、投喂、营养、繁育等相关数据都将实时汇集到平台上，通过大数据技术，对这些数据进行分析和共享，可以给出适合的饲养方案，为养猪行业提供常见疾病与发展的预报等。

农科驿站：让市场主体说话，从“看天吃饭”到“依云而作”

正是冬天最冷的时候。一大早，山东泰安市高级农艺师李圣龙便赶到临沂市旧寨乡龙山村的果园。

来自旧寨乡和周边村镇的300多位果农将他围了个里三层外三层。通过高音喇叭，李圣龙将大樱桃树修剪的“独家绝招”和盘托出，果农大呼过瘾。此次旧寨之行，李圣龙还带着别的任务，他不仅要在旧寨待上几天，接受乡亲们的咨询，还要以眼前果园遭遇的难题为课题攻关项目。

这处70平方米的屋子是山东农科驿站的载体之一。同时，在这里，专家工作室、科普培训室、实验工具室、简易厨房一应俱全。实质上，该驿站通过体制机制的梳理，将人才吸引到田间地头并“固化”下来，让市场主体发挥主导作用①，以农民的需求为起点，让企业在需求导向下，对专家成果进行就地转化。

在贫困户扎堆的菏泽市巨野县，看天种菜是祖辈传下来的规矩。没什么风险，但也挣不着什么钱。有专家坐镇的农科驿站引入了“云农场”，改变了这一切。

首先为土地“体检”，根据土壤中氮磷钾的含量“定制”农作物和肥料。但这只是“云农场”的功能之一。在产中，“云农场”通过移动互联网技术构建农业种植问题实时咨询、农业机械服务O2O等新模式，高效解决了农民在生产过程中的旋耕、播种、收割及农业技术等问题；在产后，通过“互联网＋农业安全生产”技术，构建起订单种植和信用评价体系，让农产品种植户直接对接采购商，开拓了从零散的农产品无序生产到有计划的个性化定制的创新，帮助农民拓宽了农产品的销售渠道。

① 在山东，真正了解田间需求的企业承担了大量农科驿站的建设工作。

在这些之外，农科驿站提供的科技创业、扶贫就业、技术推广等服务让种了一辈子地的农民第一次见识到了什么是孵化器，什么是高科技农业。让专业的人干专业的事，让市场发挥主导作用，贫困县发生了变化：人均年收入超过了 4500 元，盼了几十年的脱贫梦就在家门口实现了。

目前，山东拥有 360 多家农科驿站。在这里，“做给农民看、带着农民干、带助农民赚”落到实处，是科技人员与农民兄弟正在践行的生动事实。农科驿站不空，其“内在黏合剂”是农科驿站的体制架构：有制度保障、经费助力、项目支持，这就调动了科特派、企业以及科研院所的积极性，大家铆足了劲儿瞄准成果转化。

至于效果如何？农民兄弟说了算。这是山东省科技厅考核农科驿站的主要指标，他们“不看广告，看疗效”。

> 采访手记

科技特派员制度历经 20 多年不衰，保持着旺盛生命力，是求技若渴的“三农”与技艺高超的专家互动的结果。只不过，新时代有新玩法，科特派们扩大了战场，从原先的线下指导扩展到了线上指导，有了更多的交流空间和时间。

实际上，无论线下，还是线上，互动效果是衡量互动形式的唯一标准，“不看广告，看疗效”。

上文呈现的 4 个案例之所以“有疗效”，是因为科特派的工作遵从了规律，找到了农业技术推广的瓶颈，随之“对症下药，让专业的人干专业的事”；或“赋予动力，让市场主体串联起各利益相关方”；或“兴趣指引，让热爱‘三农’的人回归农田”，等等。种种举措构建出系统的科特派互动模式。

互动的前提是有德才兼备的科特派队伍。白明邦家的柚子出了问题，农业专家吴世权、周兵“药到病除”，之所以能“对症下药”，在于他们的专业深度；徐明举对脚下的黄土地怀有深深的情感，执着地将自己投入进去；高佑思从科特派事业中找到了自己的兴趣，表示“为了武夷山，让我做什么都可以”，一往情深才能义无反顾，投入帮扶农民的事业中。

而让积极互动可持续发展下去的，是“赋予动力，让市场主体串联起各利益相关方”。以农科驿站为例，山东的这个独创模式发挥作用有其内在的逻辑。它依托市场主体，深深地嵌入当地农业产业链中，并赋予专家、企业、农民三方“内生动力”；以这个驿站为平台，全国各地的专家、科特派来到驿站，创建了分级服务体系，以数量有限的专家培训出一批批企业技术员和一线技术能手，这些技术员和技术能手负责解决农民兄弟的日常难题，疑难杂症和新技术问题则交给专家。这有效地解决了“需求太多，专家不够用”的难题。这样，企业、专家、农户都找到了自己的“内在需求”，以科特派为班底建立的农科驿站能做不好吗？

院（校）地联动：为农户“治穷病”，给地方“开药方”

（王延斌）

忙活完最后一茬淡水鱼的打捞，天津市宁河区张老仁庄农民张廷群开始盘算起一年的收成，喜悦之情爬上眉梢，“头年塘底新上了纳米管增氧设备，一亩水面产南美白对虾 4000 多斤，刨去成本，每亩多收了 4000 元。我家 20 亩水面，你算算这一年能多挣多少钱！”

张老仁庄 20 多家养殖户靠养殖南美白对虾和淡水鱼获得了不错的收成。村民们说：“大专家、大教授帮着我们，当然赚钱！”

村民们口中的大专家、大教授来自天津农学院。2019 年 10 月，科技部发布《关于通报表扬一批科技特派员及组织实施单位的通知》，对全国 92 名科技特派员和 43 个科技特派员组织实施单位进行了通报表扬。其中，来自高校的科技特派员共 25 名，组织实施单位中，天津农学院与南京农业大学、青岛农业大学等高校榜上有名。

科技特派员制度通过选派一批有技术、有文化的知识分子深入基层，扎根贫困地区，发挥科技在地方经济文化建设和社会发展中的支撑作用，高校院所作为人才聚集高地，具有人才、技术和成果优势。不论是对地方，还是对高校来说，科技特派员制度都是一个契机，它搭建了高校发挥能量与地方摆脱贫困的平台，双方最终相互成就。

在祖国的四面八方，一大批专家教授常年活跃在脱贫攻坚一线，他们充分发挥学科的专业优势，把科研攻关与脱贫攻坚有机结合，不仅立足于为一村一地“治穷病”，也着眼于为一地一城“开药方”，聚焦可复制、可推广的模式，探索出了管用、好用的脱贫新路径。

拒绝“单打独斗”，专家团队作战让荒山“生绿又生金”

福建省龙岩市长汀县河田镇的珞公山，树木蓊郁，绿意喜人，林下一边是各色中草药、牧草在“冒头”，另一边是生机勃勃的蓝秀鸡场。这片蓝秀鸡场正是刘凤腾的鸡苗与鸡种的来源地。依靠农场里的万羽河田鸡，他成功摘掉了“贫困帽”。

刘凤腾说：“多亏了养鸡大户蓝晓红免费提供的优质鸡苗和种鸡，还有专家团队的指导。”他口中的专家团队，是由福建省农业科学院农业生态研究所牵头的科技特派员科技扶贫团队。

河田鸡是我国五大名鸡之一。河田鸡产业作为长汀县的主导产业之一，年产销 500 万羽以上。然而，传统养殖方式严重影响了河田鸡产业的可持续发展，蓝秀鸡场也曾面临着这一困境。

“传统养殖方式以林地散养放牧为主，河田鸡长期啃食林地内的杂草、草虫，导致地表荒秃、植被生物难以繁衍，进而引起了水土流失、山体滑坡等一系列生态问题。”面对一天天退化的林场，蓝秀鸡场负责人蓝晓红求助于科技扶贫团队成员高承芳。

“我们通过林下混播种植各种牧草与中草药，形成了林下生态草场，并划区轮牧，合理控制养殖密度与养殖周期，进行林下生态循环种养殖。”高承芳说，这种方式能够节约将近一半的饲料，同时可减少土壤侵蚀量 95%，提高土壤肥力 5% 以上。

福建省龙岩市长汀县林下种草养殖河田鸡（福建省农业科学院农业生态研究所　供图）

“鸡场生态环境持续改善的背后，是我强大的‘智囊团’。”高承芳说。不仅有科技扶贫团队成员林忠宁负责林下套种牧草、中草药，蓝秀鸡场还获得了牧医、土肥、果树等兄弟所专家的“援助”。

福建省农业科学院农业生态研究所副所长应朝阳说，除了河田鸡，目前该团队还与长汀县虾哥种养技术服务专业合作社负责人刘栋美达成合作意向，针对小龙虾养殖饲料成本高、养虾效益单一等问题，通过引进适生优质的水生绿肥红萍（满江红），在长汀率先开展以红萍为纽带的“稻—萍—虾”立体种养模式示范，并带动脱贫户参与，稳定增收致富。

以组团的形式对接服务相关企业、行政村，克服了单个科特派“势单力薄”的不足，更好地解决了企业、农户在实际生产过程中遇到的系列问题。

“扎”到村里，攻坚克难，创造盐碱地脱贫新模式

“毛坨村，太偏远，出进交通不方便，远离水源年年旱，土地宽阔光盐碱，人种天收干瞪眼，要想致富难上难。”流传于山东省东营市毛坨村的这几句顺口溜，道出了“碱窝窝”的往昔。在过去，这样的土地只能种棉花，村民人均年收入只有几百元。

虽然相隔 300 千米，但青岛农业大学还是主动揽下了这个改造盐碱地的艰巨任务。该校攻坚克难，直接在毛坨村里建立了黄河三角洲重盐碱地改良及生态农业试验工作站和研究生工作站。随着平台的搭建，该校植保专家王建林教授、花生育种专家王晶珊教授、小麦育种专家林琪教授、葡萄专家刘更森教授、蔬菜专家杨延杰教授等来自 12 个学院的 27 个研究团队的 300 余名专家教授和研究生纷纷来到这片盐碱地，“扎”下了根。

专家们明白，改造好了毛坨村，整个黄河三角洲 800 万亩滨海重盐碱地变成粮田就有了希望。

人们看到，国家技术发明奖二等奖、国家科学技术进步奖二等奖获得者王晶珊教授亲自带队住进村里，进行花生耐盐鉴定和耐盐花生新品种选育。在毛坨村，她与当地农民一起吃饭、下地，没有一点儿架子。为抢种抢收，她早饭、午饭就在地里吃，晚上天不黑不收工，经常晚上 9 点才吃上饭。经过 4 年的努力，王晶珊团队培育的“宇花 2 号”和“宇花 21 号”花生新品种在毛坨村盐碱地种植成功，并创造了亩产 425 公斤的奇迹，这一产量几乎和普通土地的产量一样高。

在众多教授的不懈努力下，青岛农业大学仅用 7 年时间，就在当地探索出以盐碱地改良、上农下渔、无土栽培、稻鸭共生、耐盐林果、粮油栽培等 6 种生产模式为主的盐碱地生态农业发展模式——“毛坨模式”。

毛坨模式彻底摘掉了毛坨村的穷帽子，曾经的不毛之地长出了绿意诱人的蔬果和籽粒饱满的花生、稻麦，甚至在人见人愁的重盐碱地上建起了一座集研发、生产、休闲观光于一体的现代农业庄园。

攻克毛坨只是开始。该校又与东营市共建了青岛农业大学黄河三角洲研究院，在东营建立了 9 个不同的试验示范基地，让“毛坨模式”全面辐射到了东营各个县区市。据不完全统计，这一模式已为当地累计节水 30 多亿吨，改造盐碱地 23 万亩，粮棉油作物累计增产 3 亿公斤以上，直接经济效益超过 15 亿元。

农学院姓“农”，田间地头的难题就是科研攻关的课题

由于不懂科学饲养，养殖池塘水质逐年恶化，氨氮超标，水体频频出现蓝藻等有害藻爆发、水酸碱度失衡等问题，天津市张老仁庄养殖户产量时高时低，经济效益时好时坏，收入一直不高，有的农户甚至辛苦一年还赔了不少钱。

天津农学院水产科学系教授邢克智、张树林了解到相关情况，带着团队和学生下到池塘中，观察治理水质，给鱼虾“看病”。邢克智教授是一个农业战线的老兵。他 1977 年考入天津农学院，毕业后留校，从搞教学开始，教学、科研都没落下，从校长岗位上退休之后，他将生活的一半时间都耗在了池塘里。

邢克智说：“我们农学院注重深入农村解决实际问题，想研究问题的老师学生都直接联系农户，所有的科研课题都是农民们生产中的问题，所以，农学院的科研成果基本上都能直接转化。”田间地头的难题就是科研攻关的课题。邢克智在田间地头的实践带来了科研上的好课题，他参与的“水产集约化养殖精准测控关键技术与装备”项目

斩获了国家科学技术进步奖二等奖。

科技特派员宋章田成了一名抖音“网红”（王延斌　摄）

画面上，叉车进进出出，搅拌着秸秆饲料，配上一曲轻快甚至搞笑的音乐，这是山东科特派宋章田抖音账号上的日常。老宋说：“我不是为了玩儿而玩儿，而是为了宣传我们的技术。”

他的目的达到了。在山东富邦农业科技开发有限公司办公室的走廊上，老宋连同其他七八位科技特派员的照片形成一道亮丽的风景，如山东省农业科学院研究员万鲁长、国家食用菌产业技术体系创新团队济南综合试验站站长任鹏飞、聊城市农业科学院曹修才……

长久以来，搭建一个联系专家与农民的平台不难，难的是如何让双方真正互动起来。但破解这一难题，就得在田间地头攻克难关。

江苏省农业科学院食用菌首席专家宋金娣不远千里来到山东莘县，实地查看当地蘑菇病虫害。这不是宋金娣第一次过来。为什么专家会对这里的菇农情有独钟？莘县科技局的食用菌专家虞子服透露了以下两点原因。

首先，莘县是“中国双孢菇之乡”。近几年，这个县已研发推广了双孢菇层架式栽培技术、智能化双孢菇种植技术等多项技术，可以说，任何一个专家要想观察中国双孢菇产业的当下和未来，莘县是绕不开的地方。

其次，“大院大所”的大专家都想要让自己的技术能够在科技显示度高的地方落脚，也想观察当地问题，开出药方，获取灵感，形成课题，再推而广之，这是他们投身基层的动力。

做给农民看，帮助农民赚，农民才会拥护科特派

每次下乡，牛自勉都带着一个小箱子，里面装着剪刀等修剪工具和果树栽培的资料。

这位山西省农业科学院现代农业研究中心研究员、省水果产业技术体系首席专家常年下乡，他发现，长年贫穷的老果农们哪怕一把100元的果树修剪刀也舍不得换，它们用旧了、用钝了，将果农的老手磨出了大血泡。牛自勉看着心疼，争取了一些项目上的经费，购买了工具和资料，每次下乡都带上一些，免费送给果农朋友们。

牛自勉说：“让果农们学好种植，剪好果树，多挣些钱，也给咱们的生活多添些香甜的大苹果。”几十年来，牛自勉一直坚持示范推广新技术。果农们评价道：“牛老师的心在果树上，牛老师在我们的心上，他是我们的‘果神’！”

牛自勉（前）为果农讲解实用技术（郝微微　摄）

从1999年起，针对我国苹果出现的树冠郁闭、品质下降等问题，牛自勉率先在山西省开展了苹果高光效树形的研究工作。何谓苹果高光效树形？简单地说，就是光能利用好、光合作用效率高、能够生产优质果实的树形。牛自勉说："示范推广这项研究成果，可以稳定苹果产量，提升果肉品质，提高果农经济效益，能让老百姓吃到质量更好的水果。"

从1999年开始示范，2005年在山西省大规模推广苹果树形改造技术，到2013年，新技术已推广至山西省33个县，重点应用到23个县，总面积覆盖100多万亩，应用新技术的苹果树亩产达到5000～6000斤。而这些年牛自勉团队已经选育了16个果树新品种。

数据很漂亮，但推广过程之难，让牛自勉记忆深刻。他回忆说，果农们没听说过这项技术，所以很少有人愿意尝试。"那时，我还在北京做项目，经常坐着火车去运城，有时从太原出发，有时从北京出发，清晨一下火车就直奔试验地。出来一工作就是一上午，连续讲三四个小时的课，讲完课就马不停蹄地赶到果园，现场对果农进行修剪培训。有时现场果农多，又没有好的扩音设备，我就得扯着嗓门喊，还要弯腰在树下锯枝，爬到树上修剪。培训结束了，天也快黑了，才有机会吃饭。可是那会儿已经累得连动都不想动一下了。”

尽管做了这么多工作，外人谈到他的“典型事迹”，他还是有些腼腆，牛自勉说：“我也就是干了本职工作，没啥。”

> 采访手记

贫困农民技能匮乏，是制约精准脱贫的深层次问题。专家教授的学识、成果正好提供了“一剂良药”。

从“象牙塔”到盐碱地、荒漠和海滩，来自高校和科研院所的专家教授们将足迹印在了祖国的五湖四海。他们怀揣成果和知识，怀抱热情，找需求、找难题、找挑战，与地方互动，各取所需，将扶贫事业搞得风生水起、红红火火。

当下，科技特派员制度正进入下一个20年，众多高校、科研院所早已不满足于为一村一地“治穷病”，更多地着眼于探索建立长期有效、普遍适用的脱贫“大药方”。地方有关部门应该创新管理体制机制，制定相应的管理制度和绩效考评标准，让高校、科研院所与地方真正建立起各取所需的长效机制。毕竟，科技特派员制度实施进入“深水区”，如何深入推动院地、校地互动，考验着政策制定者。

市场拉动：从利益到精神，紧紧融到一起

（王迎霞）

彭秋菊在养鱼（吕福进　摄）

电影《秋菊打官司》塑造了一个固执、要强、坚毅的农村妇女形象，她纯朴善良，不善言辞，却有主见，是家里的顶梁柱。

宁夏也有这样一位“秋菊”。

她大学毕业后全身心投身水产事业，从一个粗放管理的“小白”

养鱼户逆袭为一家集饲料加工、水产养殖、技术服务为一体的企业的负责人，并带领 200 余户渔民走上了致富道路，获自治区“十佳养殖能手”“巾帼创业之星”等多项荣誉。她就是彭秋菊，一名“80 后”科技特派员。

不只有彭秋菊才有这股创业的拼劲。

放眼全国，数以万计的科技特派员分布在优势特色产业链的各个环节，带动技术、项目、资金、管理、信息等要素加速集聚，形成了一个全新的科技特派员创业链。

项目任务模式、技术入股模式、依托企业模式、独立经营模式……在福建、湖南、山东、广西、四川、贵州等地，科技特派员创业可谓“百花齐放春满园”。

他们不断创新，探索出一条条农村科技创业之路，共领办 1.15 万家企业或合作社，直接服务 6500 万名农民，平均每年转化示范 2.62 万项先进适用技术。

用市场经济的纽带把科技人员与农民“绑”在一起，这比行政手段更牢固。创业，为这支队伍更好地服务“三农”注入了一针强心剂。

立足项目：创新体制与农户结成利益共同体

宁夏中卫香山地区年平均降水量仅 185.9 毫米。这里的土地富含硒元素，有一种特产叫压砂瓜。压砂瓜产业是当地的特色产业、支柱产业、扶贫产业。然而，压砂瓜经常出现病害严重、生长不良、品质下降等现象，影响了产业的发展。

如何让农民掌握科技知识，解决问题并增产增收？这是中卫市科技特派员鲁长才在 40 多年基层农业科技服务工作中一直思考的问题。2012 年退休后，他积极参加了国家科技支撑计划项目——“压砂瓜水肥高效利用及压砂地持续利用研究与集成示范”项目，为压砂瓜产业面临的问题提供科学的解决方案。

时光倒回至 2002 年 9 月。

宁夏借鉴福建南平经验，结合当地“三农”问题，启动了科技特派员创新创业行动，并创新性地确定了“立足科技项目，突出科技创业；实施体制创新，注重金融推动；坚持市场导向，实行三线推进”的工作发展思路。在一系列优惠政策的激励下，一大批科技人员带技术成果、带资金项目，在创业发展的同时，示范带动农民增收致富，形成了以创业为特点的“宁夏模式”。

是的，科技特派员不应该只有技术，更要有项目。

2008 年，宁夏回族自治区印发《自治区党委　人民政府关于深入开展科技特派员创业行动的意见》，支持专兼职科技特派员创办企业，成为法人科技特派员；2020 年 5 月又印发《自治区人民政府办公厅关于坚持和完善科技特派员制度的意见》，创业特色不变，服务力度加码，并完善政策体系，建立长效机制，进一步丰富了科技特派员创新创业行动的内涵。

“宁夏围绕产业规划布局扶贫项目，最大的变化就是让科特派和农户结成利益共同体，真正突显了农民的主体地位。”宁夏科技厅党组书记、厅长郭秉晨说。

摆在科特派面前的创业之路一下子明朗起来。

在鲁长才的带领和推广下，香山地区压砂瓜种植面积达 150.1 万亩，平均亩产 1118 公斤。实施此项目的头 3 年，增加总产量 28.2 万吨，增加效益 1.974 亿元。2014 年，他又参加了联合国开发计划署设在宁夏的“沙漠化防治和民生改善”项目，从山西农业大学引进了欧李，在香山“老化”压砂地示范种植成功。

以市场为导向，以项目为抓手。“鲁长才们”奔忙在推广科学种植、带领农民实现共同富裕的道路上。

将示范推广先进适用技术、培育现代农业生产经营主体和推动一、二、三产业融合发展作为三大重点；将壮大创业队伍、提高创业能力、优化创业环境作为三大措施；将科技特派员培训、创业项目实施、政府投入与金融支持作为三大支撑……

宁夏科技特派员创业指导服务中心主任杨勇军说，通过系列政策并行发力，全区科技特派员创新创业行动呈现出欣欣向荣的景象。截至 2017 年 12 月，宁夏法人科技特派员达到了 1500 家，科技特派员队伍更是稳定在 3400 余人。他们服务农户 30 万户，成为推动现代农业发展的强力引擎。

技术入股：“硬核”加盟企业实现双赢目标

湖南长沙七鑫农业科技开发有限公司现代农庄的葡萄熟了，总经理陈迎军最感激的人就是湖南农业大学教授刘昆玉。他是长沙市长沙县第七批科技特派员之一，2013 年被派驻到农庄。

那时刘昆玉研究葡萄已有近 20 年的时间，师从攻克了欧亚种葡萄在南方高温、高湿地区高产优质栽培技术难题的著名葡萄领域专家石雪晖教授。刘昆玉从 2005 年起一直担任省市科技特派员。

“当时过来的时候，发现这边丘陵种植葡萄还是比较有特色的，但存在品质不高、品种单一等情况，这种现状亟待改变。”刘昆玉说。于是他三天两头往这里跑，尤其在 5 月的花期，几乎全天都守在这里。“花期很重要，关系到果实产量。我们可以通过技术提高产量，也可以解决大小粒的问题，使葡萄更加美观。”

此外，刘昆玉还通过自己的经验选取优质种苗，从常德澧县和湘潭等地为陈迎军引入了“阳光玫瑰”等新品种。“这些新品种产量高，商品价值更高。通过技术改进，公司销售收入增加了 30% ～ 40%。”陈迎军很高兴。

与其他科技特派员不同，刘昆玉在派驻和推广先进技术的过程中，通过技术入股走上了创业之路。

“企业希望有技术人员来解决问题，科技特派员希望自己的技术能派上用场。我希望通过我的技术力量能够增强农庄实力，从而实现双赢目标。”刘昆玉表示。

2005 年，湖南省瞄准贫困地区发展中尤为突出的科技和人才短板问题，启动实施了科技特派员计划，2010 年全面开展科技特派员农村科技创业行动；2014 年又启动“三区”科技人才计划，还打造了以科技精准扶贫为核心，以优秀人才撬动、特色产业带动为抓手的“123”科技扶贫模式。

一系列举措成效良好。以湘西土家族苗族自治州为例，2016—2017 年，全州共选派科特派 534 名，解决产业难题 6000 余项，实施科技项目 345 个，总投资 3.2 亿元。现在，每年在岗 5000 余名科技特派员和约 1000 名“三区”科技人才，实现了对全省贫困县的全覆盖。

在政府的鼓励下，很快，全省科技特派员就采取资金或技术入股、租赁经营、提供技术支持等形式，通过契约方式与企业、专业大户和农民结成利益共同体，其中以技术入股的占了一半以上。“我们鼓励科技特派员通过技术入股等形式，建立利益与风险共担、激励与约束相结合的工作运行机制，带领老乡脱贫致富。”长沙县科技局相关负责人称。2016 年，刘昆玉又以省级科技特派员的身份回到家乡冷水江市支援农业发展。他从技术培训和项目申报等方面带领贫困户种植黄桃，硬是在荒山野岭上培育出一个拳头产业——2018 年产值近 300 万元，514 名贫困群众获得分红，80 户贫困户顺利脱贫，200 多人实现了在家门口就业。

“这就是技术的价值所在，也是我选择回来的原因。”他说。

依托企业：力促创新能力科技示范“双提升”

一开始，广西南宁市良庆区大塘镇百乐村的村民并不愿意种植澳洲坚果（别名夏威夷果）。

“澳洲坚果被誉为‘坚果皇后’，市场售价高，但由于要种植 5 年以后才有较好的收成，且它是外来物种，大多数人没见过，不愿意冒险。”村民们的抵触情绪，曾让广西亚热带作物研究所高级农艺师曾黎明颇为苦恼。

为有效降低投产期较长、前期资金投入较大等风险，带动更多农户种上“摇钱树”，曾黎明可是动了一番脑筋。

这位被选派到广西贫困县、贫困村的科技特派员，2004 年大学毕业后进入广西亚热带作物研究所，一直从事澳洲坚果的科研生产和推广工作。十余年来，他从技术人员干起，边干边学，不断积累，作为主要成员获省部级科学技术进步奖三等奖 2 项、地厅级科学技术进步奖二等奖 2 项，发表科技论文 20 多篇，荣获 5 项专利，参与选育 8 个澳洲坚果优良品种。

曾黎明的思路是，让龙头企业参与其中，先给农民吃一颗“定心丸”，再带着他们一起干。

他建立了“公司 + 合作社 + 村委会 + 科技特派员”的经营管理模式，由公司提供种苗和资金并负责开拓市场，合作社提供土地和劳动力，科技特派员提供技术指导，互相合作，利益共享，共同发展种植澳洲坚果。

在这一模式的带动下，如今，百乐村周边的农户已经发展种植澳洲坚果约 2000 亩，原先不受待见的澳洲坚果成了“香饽饽”。

龙头企业的介入成为带动广大科技特派员创业的有力支点。

在河池市天峨县八腊瑶族乡八腊村龙滩沟食用菌生产基地，当地村民忙着制作、摆放食用菌棒。2016 年，天峨县科技特派员吴小健引进了食用菌生产企业，在龙滩沟创建食用菌种植示范基地，带动当地群众抱团发展食用菌产业，取得了良好的成效。

在科技特派员的带动下，天峨县目前已建成 100 亩以上的食用菌生产基地 9 个，培育食用菌专业合作社 14 个，全县共发展食用菌 2000 万袋，带动 1160 户农户参与发展食用菌产业。

由初期的自然人创业向法人创业转变，由分散创业向集群创业转变，2016 年以来，广西围绕推进“产业组团、县级组队、定点到村、统筹调度、组合服务”的工作思路，探索建立“科技特派员 +”模式，激励龙头企业带动并强化创新，创新能力快速提升，科技示范作用日益明显。

“科技特派员 + 龙头企业 + 基地 + 农户”“科技特派员 + 服务平台 + 基地 + 农户”“科技特派员 + 高校院所 + 基地 + 农户”“科技特派员 + 公司 + 基地 + 合作社 + 农户”……如今的广西，由科特派参与的多种科技创业扶贫模式遍地开花。

龙头企业带动示范，为群众脱贫致富奔小康带来了新动能。

广西南亚热带农业科学研究所高级农艺师韦持章（左三）在开展采茶技术培训
（广西科技厅　供图）

独立经营：与大众创业、万众创新无缝对接

科技特派员制度发端于实践，首创于福建。20 余年的坚守与笃行，这里科技特派员制度的推行工作始终走在全国前列。

截至 2019 年 10 月，全省共派出科特派 16 348 人次，省级科特派已覆盖全省 916 个乡镇，覆盖率达 100%；服务领域涵盖全省十大特色农业产业，并向二、三产业延伸，仅由省级科特派领办创办的企业和专业合作社就有 5298 家。

南平市建阳区潭城街道回瑶村的曾雄香曾经是一名传统农民，种了几亩水田。2003 年，村里来了科技特派员廖海林，因为得到点对点的指导，曾雄香种植的水稻面积扩大到 1000 多亩。2009 年后，在科技特派员的帮助下，他创建了南平市建阳区潭城街道利民农机专业合作社，并实现了作业全程机械化。

2012 年，曾雄香自己也成了一名“乡土科特派”。在他的带动下，建阳成为闽北农业机械化水平最高的地方，建瓯、光泽、政和等地的不少种粮大户都是他的学生。

“现在我在尝试稻田养鸭等绿色生产方式，得到了来自福建农林大学科技特派员的技术支持，形成了良性循环。”曾雄香说。

面向新时代农村农业发展的需求，与大众创业、万众创新无缝对接，这是福建科技特派员制度的又一特色。

漳州市漳浦县从当地台资企业中选聘首批 16 名台籍农业科技特派员，他们不仅自己创业，也播种农业新品种、新技术、新理念。陈建中就是其中一位。

20 世纪 90 年代初，陈建中遵循祖父遗愿，与父亲回到祖籍地漳浦。1995 年，两人创办了漳州三本肥料工业有限公司，专司生态肥料的研究与生产。“但囿于农民信奉的还是传统农业路径，大多使用化学药肥，生态肥料在本地市场销售不佳。改造传统农业，除技术创新外，还需要市场培育与观念革新。”他感慨道。

20 多年来，陈建中不仅力推产品创新，还聘请台湾农业领域的专家学者来到祖国大陆的田间地头，开展农业技术交流与科研活动。成为农业科技特派员后，他多次调动公司的科研团队一起到派驻村进行指导与技术培训，引导农户使用有机肥改善土壤板结酸化问题，理性种植适合市场需求的农作物。

“希望助力乡村振兴，让农民富起来。”陈建中称，他邀请台湾农业杰出专家做顾问，帮助研究“抗倒”的水稻专用肥，希望可以广泛应用。

2017 年，陈建中被聘为漳浦台湾农民创业园管委会副主任。又履新职的他积极引入现代农企，以促进现代农业技术在家乡落地。

2020 年年初，在福建省第十三届人民代表大会第三次会议上，福建省政府工作报告中提到，福建省已出台《关于新时代坚持和深化科技特派员制度的通知》，省级科技特派员覆盖所有乡镇，带动了 3.57 万户农民创业增收。当前，该省正积极打造一批成效显著的科技特派员创业和技术服务示范基地，希望发挥典型的示范作用，扩大科技特派员制度的影响力和成效。

一种基于共同利益而建的“互信、互惠、互利”共生关系正日渐紧密。

> 采访手记

春华秋实，二十余载。哪里有农民兄弟的技术需求，哪里就有科技特派员忙碌的身影。

然而，老百姓的“钱袋子”怎样才能尽快鼓起来？这田间地头的满眼绿色如何“化绿成金”？大江南北，目光殷殷。于是，科特派创业行动应运而生。不仅需要“带着干”，更需要“帮着赚”。

他们必须与农民建立利益共同体。这是根本任务，更是内生动力。从最初的依托科技项目到龙头企业带动，到全产业链延伸，到打造全新双创平台，再到以创业链为载体集群创业……各地科技特派员在市场的指挥下，兴办各种经济实体，创新创业不断升级。

一颗小小的种子，在华夏大地生根发芽、枝繁叶茂，为农民增收、乡村振兴撑起了一片绿荫。

我们也要看到，新形势下，运用互联网等现代技术手段搭建创业服务平台，让信息化贯穿创新创业链全过程，应该成为一种常态。

科特派队伍需要新鲜思路、新鲜血液。令人欣慰的是，越来越多的年轻人主动加入科技特派员的队伍，并将自己的知识、经验及“互联网 +”理念毫无保留地传授给农户。

生于1983年的冯补红，2016年成立了宁夏青铜峡市乐宝农瓜菜种植专业合作社。他说自己加入科技特派员的队伍，就是想让农民深切地感受到，只有采用科学技术才能种好田，从而做新时代的新型职业农民。

是的，要实现“培养新型职业农民”的目标，这个团队还有很长的路要走。

青铜峡市大坝镇中滩村四组农民李娟笑道：“冯总的好多技术和想法我不是很懂，但跟着他干，我心里感到很踏实。”

农户的信任便是最好的奖励、最强的动力。

“当我身边聚集的农户越来越多的时候，我的价值就越来越大；当我们通过努力吸引更多年轻人从事这一行的时候，国家的现代农业就有了更多的希望。”阳光下，冯补红的话掷地有声。

我们期待更多新手段、新产业、新业态、新模式的介入。

科特派创新创业，未来可期。

平台驱动：扶智育人的“新战场”

（谢开飞）

在福建省星创天地永春智汇谷，大学毕业的林志荣在短短两年的时间里，从负责养生茶项目新媒体推广的创业“小白”成长为合伙运营两家茶叶网店的“创客”，实现了人生的精彩转身。

这得益于智汇谷的“一臂之力”：在智汇谷创业导师、福建江夏学院郑双阳副教授的指导下，借助智汇谷平台资源，林志荣的项目签约了多家茶园，运营仅 6 个月便已实现赢利，单店营业额突破 10 万元。

林志荣是“科特派 + 星创天地”平台建设受益者的一个代表。双创平台、公共服务平台、对台合作平台、国际合作平台等各类平台成为科特派们的“新战场”：有的加速了现代农业科技创新成果转化和产业化；有的解决了一系列产业技术难题；有的孵化、培育了一批“高颜值”、高附加值的农业企业；有的孕育了一批扎根乡土的“新农人”……

把实验室建在田间地头，科特派工作站孕育扎根乡土的“新农人”

“农场产出的玉米皮薄汁多，脆甜可口，可以像水果一样生吃；南瓜的口感粉糯香甜，味道类似板栗，在市场上深受消费者的青睐……”福建省莆田市东庄生态休闲农场负责人陈国贵喜笑颜开，这批特色农产品一上市，就在电商平台被抢售一空。

“以前遇到技术难题只能发愁，如今有了专家团队，我也学到了技术，能亲自上阵指导农户了。”陈国贵说。他口中的专家团队正是由福建农林大学林文雄教授领衔的科技特派员服务团队。

福建省科技特派员林文雄（中）依托秀屿区乡村振兴研究院培育“新农人”
（林文雄　供图）

“乡村振兴，关键在人。当前阻碍乡村发展的最大问题，就是人才和技术的欠缺。”林文雄认为，科技特派员要通过帮扶，让农民成为体面的职业，让农业成为有奔头的产业。

为此，2018 年，林文雄依托福建农林大学的学科优势和人才优势，带领一批常驻式的科技特派员团队来到莆田。“与以往‘单枪匹马’作战的科技特派员不同，东庄农场依托秀屿区乡村振兴研究院，建成了高校科技特派员工作站。工作站共有 9 名科技特派员参与建设，涉及作物栽培学、农业生态学、林业生态学等多个专业，大家积极探索科技服务长效机制。”林文雄说。

在专家团队的指导下，该农场积极引进国内外农作物、果树新品种，正逐渐发展为兼具休闲旅游、养生度假等多种功能的现代农业园。不仅如此，该农场还在全区率先采取“村集体 + 公司 + 农户 + 高校科技特派员”的模式，流转盘活闲置土地，破解土地流转难、村集体增收难等问题，吸纳 20 多个农户加入。陈国贵、黄文章等人也从原先的小农户成长为新型职业农民。

“目前，团队已运用多种方式进行农业先进适用技术培训和科普宣传，指导了 220 多人次。”林文雄透露，下一步，该团队还将针对秀屿区各镇基层干部、种植农户等群体，开设农业种质资源、栽培技术、农产品销售等系列培训班，为当地乡村振兴汇聚“智”力量。

充分借助科技特派员的技术力量，建设一批创新创业平台，发挥其辐射带动作用，培育一批“懂农业、爱农村、爱农民”的“新农人”，助力打赢脱贫攻坚战——这样的例子还有很多。

单一的产业、闲置的瓜蒌棚架、低下的经济效益……早前，邵武市创新瓜蒌种植专业合作社理事长欧阳明还在为此烦恼。如今，入孵南武夷药博园星创天地后，该合作社在创客导师、福建省科技特派员、福建农林大学林学院副教授邹小兴的指导下，充分利用闲置瓜蒌棚架，栽种了 40 亩从台湾引进的百香果新品种，为合作社带来了 22 万元的利润。

依托南武夷药博园星创天地，邹小兴等专家转化和推广立体套种、滴灌等新技术，并开展中药材初加工、储存等技能培训累计 200 余人次，为闽北区域培养了欧阳明、杨林昌等一批中药材乡创客、“土专家”；先后安排大学生实习、见习与实训 14 批共 1600 余人次，推动了福建省中药材相关专业的人才培养。

多学科协同攻关，科技专家大院助力“中国肉牛之都”腾飞

重庆市丰都县地处三峡库区腹地，是三峡工程重点移民县、国家扶贫开发工作重点县，存在山高人多地少、土地瘠薄、生态环境脆弱等问题。如何脱贫？重庆市科技特派员、西南大学教授左福元带领的肉牛科研团队决定通过肉牛养殖来试一试。

1998 年，西南地区肉牛养殖尚未起步，也没有适合当地地理气候条件的肉牛品种，团队决定先从改良本地黄牛开始。“当地农户养的是耕地的黄牛，个体小、肉少、不好吃，一头只能卖几百元，当时说养肉牛能卖到三千元一头，当地农民都说是吹牛。”西南大学教授左福元笑着回忆。为此，他那会儿还在当地得了个“吹牛教授”的外号。

“开始是将信将疑地养牛，后来我们真心地感谢左教授，他不是吹牛，是真牛！”养殖户张升鱼说，在左福元的指导下，他建起了存栏近 200 头的肉牛养殖场，一年收益达几十万元。

“吹牛教授”不仅没有吹牛，还把肉牛变成了“金牛”产业链。2009 年，丰都县引进了肉牛养殖和牛肉加工大型企业重庆恒都农业集团有限公司，完善养殖产业链，全县发展肉牛产业。目前，肉牛科技团队入驻了以左福元为首席专家的重庆市肉牛科技专家大院，主要成员有 30 余人，涵盖动物遗传育种与繁殖、动物营养与饲料、草业科学、环境科学、食品科学等领域，围绕肉牛产业的各个方面进行科研攻关，提供科技服务，形成创新链条。团队攻克了品种培育、养殖、牧草种植、饲料配制、粪污处理、疾病防控等系列科技难题。

农业科技专家大院是深化科技特派员制度、统筹城乡科技资源、推动农业科技成果转化的一种新模式。历经十余年，在肉牛科技专家

大院的推动下，团队筛选出适宜重庆及西南农区养殖的优良肉牛杂交组合，杂交肉牛平均胴体重达 300 公斤以上，是本地黄牛的 3 倍以上，通过屠宰、加工等技术可以提升每头肉牛的产值，相当于养殖本地黄牛收入的 4 ～ 5 倍。肉牛科技专家大院还为恒都农业集团有限公司设计规划了当时亚洲单体最大的万头肉牛育肥养殖场，研发了一系列对标国际的先进技术，并进行了应用推广。

在肉牛科技专家大院的带动下，丰都肉牛产业从无到有、从弱到强地发展了起来，科学养牛达到了国内领先、国际先进水平，肉牛产业成为当地农业的支柱产业。2018 年丰都肉牛产值超 20 亿元，全县从事肉牛产业的企业有 34 家，肉牛专业合作经济组织有 31 家。全县 2018 年共 2.1 万农户通过养牛实现了脱贫致富目标，丰都变身成了“中国肉牛之都”。

结成利益共同体，合作推广平台架起两岸产业融合的“桥”

闽台一水相连，福建不仅是祖国大陆与台湾气候条件、地理地貌最相近的省份，也正成为台胞创新创业的一方热土。

位于泉州台商投资区的台湾农业技术交流推广中心、国内首个国家级闽台农业合作推广平台，与台湾大学、嘉义大学、中兴大学等知名农业大学常年交流合作；依托泉州市农业科学研究所，率先在全省开展法人科技特派员工作，对接院士工作站等高端资源，提供“一对一”培训指导服务……走进泉州国家农业科技园区，一系列为入驻企业、创客提供的软硬设施引人关注。

作为该园区最早引进的一家专业种植观赏类植物红掌的企业，泉州市丰泉农业发展有限公司正受益于此。“企业通过平台对接汤红玲、张鹏等科技特派员，引进红掌名优品种、创新配套农业设施等，提高成品花的产量和品质，花期同比延长 10 ～ 15 天，有力提高了企业产品竞争力。”公司负责人陈一龙说。

“通过建设农业园区这一平台，为科技成果与创客搭建桥梁，既引导科特派等创新创业，也加强了与入驻企业的技术合作，边研究边转化，大大缩短了农业科研成果到田间的距离，推动了农业技术及优良作物品种的推广应用。”泉州市农业科学研究所所长、泉州农业科技星创天地负责人庄卫东说。

泉州农业科技星创天地科技特派员姚文（右）对农户进行技术指导（张鹏　摄）

目前，该园区面向全国开展农业高新技术企业孵化、培育、创业的全程服务，在其牵线下，入驻企业福建集盛鸽业发展有限公司与台湾友蕙生物科技股份有限公司达成合作协议，为进一步开拓市场蓄力。一年多就已有 15 个初创企业争先入驻园区，前来寻求孵化者更是络绎不绝。

在泉州农业科技星创天地赢得满堂喝彩后，依托国家闽台特色作物种质资源圃建设，福建省农业科学院亚热带农业研究所打造的两张闽台“名片”也成为吸睛的亮点。

在国家闽台特色作物种质资源圃实验基地，科技特派员正在为小朋友进行特色植物科普（国家闽台特色作物种质资源圃实验基地　供图）

两岸（漳州）星创天地年初投入试运营，目标是打造台湾青年农民创新创业基地；筹建“千家登陆台企精品秀”，将集中引进1000家改革开放以来赴祖国大陆发展的台湾农业企业，展示两地农业合作的成就……

“持续推进两岸产业融合发展，不单是划出一块地那么简单。”福建省农业科学院亚热带农业研究所所长郑开斌说，更重要的是借力科技特派员，“嫁接”科研院所的技术，配套一系列的服务体系和措施，发挥和调动区域经济实体引智引资的积极性，加快闽台人才、资金、科技市场等要素的对接。

聚焦产业发展痛点，公共服务平台成为区域创新强引擎

在青岛科技大学，科技特派员们经常带着专家们下基层。早前，他们去了趟山东省日照市中楼镇，青岛科技大学高分子学院教研室主任黄兆阁就是专家之一。

中楼镇有橡胶加工业户 2000 余家，私营企业 182 家。黄兆阁发现，当地橡胶企业虽然很多，但都小而散，即便是稍大些的企业也没有检测设备，产品检测都是凭感觉，靠手摸、牙咬，没有科学数据的支撑。

近些年来，橡胶材料产业发展较快，中楼镇的企业也想往高档产品上发展，但由于缺乏先进技术，总是力不从心。

通过沟通，专家团发现当地企业最迫切的需求就是搭建一个可用于测试、科技咨询、科技攻关的公共服务平台。黄兆阁说，搭建平台后，各项指标有了量化数字，不仅能够很直观地改善产品性能，也可对人员进行培训，让企业了解到后续该如何改进。目前，这一平台已经实现为三四百家企业提供服务，大大促进了当地经济的发展。

这次合作能够达成，科技特派员、时任青岛科技大学合作发展处处长的李少香的团队在政府和企业间做了不少沟通工作。在与企业的洽谈中，有科技特派员作为“经纪人”在场，专家们明显感觉沟通顺畅了许多。在实地考察企业之后，他们很快与当地政府相关部门进行

洽谈，达成了初步协议，项目将很快实施。

不仅要建公共服务平台，在科技特派员的帮助下，当地企业还与有关专家就油田专用封隔器耐温耐酸橡胶的研究达成合作意向。

青岛科技大学还与山东京博控股集团有限公司达成协议，合作建立研发中心。在合作中，博士、教授们化身为科技特派员，深入企业之中，为企业服务。

“我们派了 4 名业务能力强、具有副教授以上职称的专家。”李少香说，这些专家分别到山东京博控股集团有限公司的石油化工、橡胶材料等业务部门挂职，将通过一年时间，发现并整合企业发展过程中需要解决的科学技术问题。能解决的他们当场解决，解决不了的带回学校，组织老师们协同创新研究。

推动先进适用技术转移，国际科技合作基地促进“走出去”

推动云南省与东南亚、南亚等地区的发展中国家共建科技示范基地、科技培训基地、合作研发机构等，合办科技型企业或技术经济合作组织；积极引进东南亚、南亚国家和地区的先进适用技术、科技成果等在云南省转化应用……这一切源于云南省首创的国际科技特派员制度。自 2013 年起，由云南省科技厅和省科技厅授权的科技中介机构认定法人和个人两类国际科技特派员，遴选云南及国内相关高校、科研机构、企业的科技人员，派往东南亚、南亚等地区的发展中国家开展合作研究、技术转移、技术咨询、技术培训等各类科技服务活动，推动我国对外科技合作“走出去”，深化和实施我国与东南亚、南亚国家的科技交流与合作。

“很多人不明白我们的工作任务，其实就是推动我国先进适用技术转移和新产品及农作物品种‘走出去’，在东南亚、南亚等地区开展技术合作研究、技术转移、技术咨询、技术培训等各类科技服务。”法人国际科技特派员、云南茂耘花卉有限公司总经理王克勤说。

王克勤（右二）在孟加拉国首都达卡的花卉盆景合作种植示范基地给当地花农讲解技术要领（王少东 摄）

如今，“花都”昆明斗南花卉市场选育的百合、蝴蝶兰、康乃馨开遍越南北部和孟加拉国首都达卡近郊的山谷；中国杂交水稻在缅甸、老挝的沃土上笑弯了腰；云南民企研发的光伏发电装置不仅为泰国清莱皇家大学提供源源不断的热水，还照亮了校园的夜路；以红茶闻名于世的斯里兰卡茶企屡屡派人来云南省普洱市学习电商和包装技术……

> 采访手记

20 多年来，在田间地头、竹海茶园、海滩渔排、企业车间，无论是解决一个细微难题，还是带富一方百姓，成千上万的科技特派员就像一支支先锋军队，不断地战斗。而这些“军队”强不强，要由“战果”来说话。

上述遴选的几个案例中，从产业发展、技术难题解决，到培育“新农人”、带动农民致富，科技特派员都取得了丰硕的“战果”。

寻其“战术”，奥妙在于他们背后形形色色的平台支撑，科技特派员不再是“孤军奋战”。平台为载体，能够聚集高校、科研院所和企业的科技人员，让他们发挥专业特长，到农村开展创业服务，吸引科技人员、大学生、返乡农民工等深入农村创新创业；整合科技资源和要素，开展农业技术联合攻关和集成创新，形成一批适用的农业农村科技成果，带动千万农户增收致富。

新时代赋予了科技特派员更深层次的内涵，相信未来，科特派借助这些“战场”能够玩出更多“新花样”，取得更多丰硕的“战果”。

机制撬动：让农民与科技手牵手、心连心

（张景阳）

如何将科学技术这个“第一生产力”带给农民，是科技特派员制度要回答的核心问题。多年来，无数的科技特派员为回答这一问题贡献了宝贵的经验。

靠交流转变思想，用制度保障效率，以榜样带动脱贫，先进的科学技术从高校走进农田，与广大农民手牵手、心连心，绘就了一幅共同致富的恢宏画面。

取消终身制，好制度“捆绑”科特派

你见过这样一种考试吗？应试者从科研院所的专家到在读大学生，从企业法人到普通农民，从毛头青年到花甲老人，大家从四面八方赶来，参加同一场考试。

每年的春节之后、春耕之前，内蒙古呼和浩特市都会有这样一次特殊的考试——呼和浩特市科技特派员聘用考试。有人说，这个考试的题目“土得掉渣”，也有人说，这个考试的内容“接地气、有人气”，但是，作为呼和浩特市独有的一项科技管理制度，这个考核制度保证了当地科技特派员的战斗力，满足了农民生产中最为迫切的技术需求，为人称道、受人赞誉。

“战略方向、政策支撑都有了，如何让制度落地生根、遍地开花？要从具体操作上想办法，另辟蹊径也好，别出心裁也罢，只要符合实

际、科学实用，我们就去探索、去执行！”时任呼和浩特市科技局局长（2020 年 4 月起任党组书记）的张振民这样说。

为了打造出科技特派员“铁军”团队，呼和浩特市科技局专门集中下属事业单位呼和浩特市创新创业服务中心的全部力量专职负责。

如何通过制度捆绑带动地方的农业科技服务？积极性是凝聚力、战斗力、执行力的根本，首先要考虑最实际的一点，不能让科技特派员们自费搞服务。

从 2014 年开始，呼和浩特市政府出台了一项全新的科技特派员专项补贴制度，每位科技特派员一年补贴 7 万元。市政府当年划拨科技特派员专项补贴资金 3500 万元，用于补贴从区内外选聘的 500 名科技特派员。到 2018 年，资金补贴金额加大到了 4200 万元，全市选派的科技特派员人数稳定在 600 人。

“这钱不是工资，不是奖金，而是路费、通信费、农资费。事实证明，资金换来的是急缺的技术和人才，而技术和人才是呼和浩特设施农业实现快速发展的先决条件。”呼和浩特市科技创新创业服务中心主任张建中说。

张建中告诉记者：“我们的制度还规定，每一个科技特派员每年要培养出 3 个技术能手和 10 个懂技术的农民，这样就可以为今后科技特派员的新老交替储备大量的技术人才。”

“定驻点、定项目、定任务、定指标、定奖罚”“年初查方案计划、日常查工作进展、工作日志、半年及年终查工作结果”……《呼和浩特市科技特派员考核细则》中对科技特派员的考核和奖惩有十分严格的机制，这种严格让人感受到的是重视和严谨。

科技特派员朱林飞开玩笑：“这套制度‘绑架’了科技特派员，但是每一位科技特派员都高兴地接受了这种‘绑架’。”

“通过制度捆绑，推广一项技术、带动一批农户、致富一方百姓，呼和浩特市农业科技的高效推广和农业生产的快速发展彰显了科技特派员的服务力量。”呼和浩特市科技局党组书记郭成岗总结道。

呼和浩特科技特派员李小燕（中）指导果树管理（呼和浩特创新创业服务中心　供图）

选好技术方向，产业带着农民走

在大兴安岭深处的内蒙古呼伦贝尔市鄂伦春自治旗，冬季的天气总是冷到“蛮不讲理”，轻松冻透各种羽绒服裹着的身体，特别是2019年的冬天。但是，刚刚经过国家扶贫攻坚第三方验收而“摘帽”的鄂伦春自治旗却在严冬感受到了温暖。

大兴安岭物华天宝，是食用菌的天堂，但是由于缺乏人工培育技术，这里的食用菌产业一直处于原始的发展状态。

呼伦贝尔市科技特派员、鄂伦春自治旗宜里镇亚江种植农民专业合作社的负责人刘亚江曾经是一名成功的建筑商人，为了能让乡亲们通过特色产业致富，更好地利用大自然赐给鄂伦春的珍贵礼物，他放弃了老本行，带着儿子从零开始学起了食用菌培养种植技术。

刘亚江没有把技术私藏起来，他深知，众人拾柴火焰高，通过技术带动产业联合，才是脱贫致富的必由之路。冬日暖阳之下，在合作社内，液态菌培育车间的工人们在忙碌着，一罐罐菌液在罐内翻滚。“这几罐液态菌培育成功后，合作社又可以扩种几个大棚了。”液态菌培育技术克服了季节和温度的限制，刘亚江非常高兴。

刘亚江回忆，合作社成立之初，大家仍受小农意识[①]所困，积极性很低，但是经过他两年的努力，大家看到了实实在在的效果，积极性开始高涨。发展至今，合作社已经进入工厂化生产。

“2019 年，通过资金的注入和学习，他们建了几个新的培养室。销售上，鼓励和督促他们学习品牌的包装，比如去北京学习，然后申请自己的商标，这才是真正意义上的科学发展、创新发展。”内蒙古自治区派驻鄂伦春自治旗脱贫攻坚工作总队副总队长于潍介绍道。

宜里镇贫困村民夏荣廷已经 72 岁了，身体虽好，却不适宜再干农活。他被刘亚江聘入合作社后，经过技术培训，成了基地管理员，每月工资 4000 元，这个收入足以带着全家脱贫。

“一把年纪了，还能成为合作社的工作人员，我以前想都不敢想啊！”夏荣廷的激动溢于言表。

① 小农意识：指为满足个人温饱，在一小块地上自耕自作，无约束、无协作、无交换而长期形成的一种思想观念和行为习惯。

亚江专业合作社不仅给贫困户项目帮扶，还为他们输入技术，解决生产上的难题。作为科技特派员，刘亚江一直没有停止过对产业发展的思考和谋划。他结合实际，从黑木耳、滑子菇等林下经济入手，申请了国家科技创新项目资金 300 万元，用于扶持当地规模较大、有发展前景的 3 家木耳种植合作社，提升经营主体技术水平，帮助扩大了种植规模。

辐射带动当地农民共同致富的同时，刘亚江还积极开办了以食用菌产业科技创新、扶贫产业创新管理和肉羊养殖、种羊繁育技术为内容的 3 个培训班，与旗政府一起努力，实现外派 360 多名扶贫产业的新型农业经营主体、科技特派员、驻村工作队员参加培训，建立了产业主体与科技专家之间的交流机制，使大家开阔了眼界、更新了观念、明确了目标。

如今，亚江专业合作社的产业已经走出宜里镇，在周边多个乡镇落地开花，“让大兴安岭的珍馐美味走出原始森林”这一目标正在鄂伦春的农民手中一步步实现。

因地制宜，好技术突破地域限制

武夷山区的各种条件十分适合种植百香果，但是从前当地农民没有太多经验。当地政府想到：可以从外边请农民信得过的老师。

孟夏时节，万物并秀。走进位于福建省邵武市和平镇坎头村的台禾生态农业公司温室大棚，映入眼帘的是充满生机的绿色，上万株嫁接好的百香果幼苗整齐地摆放着，做好了随时“奔赴”各地的准备。

“2015 年年底，我们和吴记合作，注册成立了台禾公司。吴记用他的技术提升了百香果种苗的质量，降低了病毒感染率，也进一步提高了百香果的产量和质量。”台禾生态农业公司董事长邹卫东介绍道，“这几年，来自省内，以及江西、广西、云南、贵州、海南等地的种植户都慕名前来采购种苗，我们每年百香果种苗的销售量都超过100万株。”

邹卫东口中的吴记来自台湾，是台湾南投县埔里百香果生产合作社理事主席，栽培百香果有近40年的时间，在百香果的育苗、种植、销售、加工等整个产业链的发展与推广方面积累了丰富的经验。

“我到福建来发展，正是看好这里的土地空间和市场潜力。”已过花甲之年的吴记说，台湾种植百香果有80多年的历史，尤其在南投县埔里镇，百香果是当地种植业中收益最为稳定的水果种类。

2009年，吴记在南安市码头镇东大村赤岭承包了100多亩土地，从南投引进5000多株百香果幼苗。2014年，他在厦门市同安区莲花镇建立了台湾百香果（无毒）种苗培育基地。2015年，他与和平古镇新生农民专业合作社的邹卫东共同成立了台禾生态农业公司，建立年繁育200万株的无病优良百香果嫁接种苗基地，推广百香果的种植。

“2016年6月，我们基地的百香果成熟了，果实个大、色泽艳、味香甜，多项指标超过台湾的百香果。而且，当年在农产品博览会上，专家给我们的百香果打了最高分。”谈起自己的百香果，吴记满是自豪。

2017年，福建省正式把百香果产业确定为福建省特色新兴产业，提出要打造福建百香果品牌，培育百香果产业龙头企业，把百香果产业发展成为福建省最具有特色的新兴产业。

经过科技特派员的指导，该公司的百香果亩产已达到2000～

2500公斤，果实的色泽、口感、大小明显优于本地露天种植及市场上其他产地出产的果实。不仅公司的效益提高了，还间接带动当地1000多户农户增收，常年解决当地劳动力就业50余人，劳务收入达160万元。预计公司年产值将朝着1000余万元的目标迈进，初步形成百香果绿色食品生产基地。

吴记不仅被聘为省级科技特派员，担任福建省百香果产销联盟常务理事和技术指导顾问，还被邵武市人民政府和龙岩市新罗区人民政府聘为百香果产业技术顾问。

“能成为福建省级科技特派员，是祖国大陆对我的认可、对我技术的肯定。可以说，我在邵武实现了自己发展百香果产业的梦想。”吴记高兴地说，“科技特派员这个身份，让我在百香果的推广上有了更大平台，我也有信心和动力把百香果产业做得更好！”

在“铁城”邵武，像吴记这样的台籍科特派还有很多，他们在各自擅长的技术领域追逐着自己梦想的同时，也有力带动了当地特色产业的快速发展。

农民进大学，出来就是科特派

冬季的大学校园里，读书的除了学生，还有“土里刨食儿”的新型农民。

从畜牧、海洋水产养殖、林下经济、果树种植、病虫害防治到产业链整合、优化生产结构……辽宁10所农业院校为农民提供了丰盛的科技“自助餐”，让农民从泥土中拔出脚来，成为科技特派员。

辽宁省农民技术员培训班开班仪式（辽宁生态工程职业学院　供图）

“最早的时候，一听说要去上课，农民都直摇头，嫌浪费时间，还不如出去打个工、在家猫个冬。”辽宁林业职业技术学院②（以下简称林职院）的李祝贺回忆道，“但学了之后就不同了，积极性特别高，因为他们觉得真正学到了东西。”

林职院基于农民们的需求，选取林下经济和园林花木两个专业，邀请校内外的专家、教授，开设了植物识别、花卉生产与经营、园林苗圃技术、林木种实生产、植物工厂化育苗、病虫害防治等课程，农民们可以根据自己的需求进行选择。农民们上起课来特别有劲头，眼神里那种对知识的渴望，甚至比一些学生都强烈。

“就说榛实象甲吧，这虫子可把我害苦了，也打药，人家整啥我也不差，可就是虫果一大堆。”辽阳市学员朱永仁说，“通过李老师手

② 2018 年 8 月，与辽宁水利职业学院合并为辽宁生态工程职业学院。

把手教、找原因，我才发现是打药的时间晚了，虫子已经进果里了，这下才弄清楚为啥！”

像朱永仁这样的例子在农民技术员培训班中不胜枚举。来自抚顺市新宾县的庞龙，通过农民技术员培训班，成了一名当地闻名的农业技术专家。他是林职院的农民学员，又先后到辽宁省农业科学院、沈阳农业大学等高校院所学习。“光林职院的培训班我就学了两回。”庞龙说，“我非常感谢教我的专家老师，他们不厌其烦，只要我们有问题，就免费给我们辅导。”

论起出身，庞龙是地道的农村孩子。长大后，进入国营农场的他本以为有了铁饭碗，却没想到因为林业保护等种种原因下了岗，回到了家乡新宾满族自治县。“回家得想办法养活一家人啊，我种过绿化苗、松果、干花干草之类的，走了很多弯路。”庞龙说。最后，他选择了种植林下食用菌。

种植需要技术。“正好当时从县里知道了林职院开设食用菌课程的消息，我就赶紧报了名。”庞龙说，“就在食堂吃饭，很便宜，书本住宿啥的都不用出钱。”通过学习，庞龙不但掌握了技术，还大胆地进行了改良和开发。

有了专家们的智力支撑，庞龙的食用菌事业开始迅速发展。“第一年出菇的时候，感染率比之前下降了 40%，经济收入涨了一大块。”庞龙说。尝到了科技带来的甜头，庞龙的积极性倍增。几年下来，他与高校老师共同研究的榆黄蘑林下地铺式生料栽培技术填补了国内榆黄蘑林下生料栽培技术的空白，而另一项技术“食用菌林下仿野生栽培”已经成了辽宁省地方技术标准，他写的论文还获得了省级奖励。

十年来，辽宁通过科技特派团和科技特派组进行了“一县一业”“一乡一品”农业区域特色产业基地建设，开展了农民技术员培养工程，由辽宁省科技厅出学费和住宿费，在农村选拔出有一定实践经验的农民，接受非学历的专业技术培训。这些农民接受系统性培训后，成为“有文化、懂技术、会经营”的新型农民，扩大了科技特派员的队伍。

“新型农民、职业农民是未来农业现代化的主体，也是现代农业的实践者和农村基层创业的主力军。因此，科技特派员工作对农民的培养，对农村、农业现代化有着非常重要的意义。”《沈阳农业大学学报》执行主编、《新农业》杂志社总编辑赛树奇说。

> 采访手记

农民是我们国家的脊梁，农业、农村支撑着国家的正常运转和高速发展。但是农民却是知识最为匮乏、技术最为欠缺的一个群体，农业的发展、农村的振兴需要知识、渴求技术。

有一位科技特派员曾坦言，转变思想是带领农民脱贫的最大关口。农村合作社成立之初，大家受小农意识所困，不适应工厂化生产，管理、技术、销售都受限；而扶贫工作队的干部依托自己单位的资源，为合作社创造了培训和技术学习、学术交流的机会，才让大家的思想从根本上发生了变化。技术应用带动一方产业、致富一方农民的例子比比皆是。

面对数亿农民，科技特派员的队伍显得有一点人单势孤，但是，一个科技特派员带动一群人、一项技术盘活一个产业的工作服务模式很好地解决了这一问题。各地无数的成功案例表明，技术服务和产业模式的传、帮、带作用，要远大于一对一的帮扶。科技特派员在做好农技服务的同时，总结经验、创新模式，这是发展和优化科技特派员制度过程中至关重要的着眼点和着力点。

我们需要的不仅仅是一户一田的技术支持，而是因地制宜地改变一个地区产业发展、助力一个地区产业升级，为农村带来新思路、新模式。星星之火可以燎原，蝴蝶效应可以激发改天换地的强大力量。每一位科技特派员都是一个火种，让他们的技术和聪明才智燃起攻坚克难、改变产业格局的燎原大火。

产业推动：谁说只能下农田？跨界咱也玩得转

（谢开飞）

大到 145 米长的郑和宝船，小到 72 厘米长的福船模型，还有福船文化衍生出的杯子、帽子、旅游伴手礼等文创产品……在福建泉州大福古船模制作有限公司的福船展厅里，这些精致的小玩意儿还“驶进”了 2018 世界闽南文化节、第 15 届中国—东盟博览会等高端舞台。

泉州市科技特派员、群众文化馆馆员郭景滨，成了海洋文化名片的“派送员”。在他的帮助下，大福古船模制作有限公司还原福船的“神髓”，并且将其打造成文创产业，逐步向海内外推广。

这正是科特派机制灵活优势的充分体现。在人们的印象里，科特派的服务领域似乎终究离不开农业。然而，我们调研发现，在我国走过 20 多年历程的科技特派员制度，正从单单服务“三农”向服务二、三产业延伸，探索出一种新型科特派跨领域、跨区域的服务模式，推动“三产”协同发展，形成推动农业融合发展的生动局面。

广西企业、天津工业、福建文创……如今，在我国的大江南北，从田间地头到竹海茶园，从海滩航船到企业车间，一支支科特派队伍正不断书写着一个个跨界故事。

搞文创，科特派打造新农村

党的十九大报告提出了乡村振兴战略，以及“产业兴旺、生态宜居、乡风文明、治理有效、生活富裕”的总要求，激发出了农村发展的无限动能。

作为海上丝绸之路的起点，福建自古以来最有名的船就是福船。泉港区古福船制作技艺已流传百年。2015 年，中国民间文艺家协会正式授予泉港区“中国水密隔舱福船文化之乡”的称号。然而，改变传统行业的单一性、突破产品新的设计定位、福船技艺可持续发展等问题，成为泉港区面临的新挑战。

“福船，以前是载人的载体，现在成为传播文化的载体。传播福船文化，就是在传承以前古代造船人吃苦耐劳、不怕困难、顽强执着的精神。”郭景滨说。经过深入摸底，他精心地对大福古船模制作有限公司提了 12 条产业发展建议，他认为，挖掘船模的设计定位、拓展营销，将福船文化打造为闽南文化产业特色品牌是方向。

郭景滨（左）推动“福船”成为文创产业（郭景滨　供图）

在郭景滨的推动下，企业在福船模型制作工艺中融入了机械雕刻、电脑雕刻等创新技术，衍生出杯子、帽子、旅游伴手礼等文创产品。凭借自身优势，他加强了对文创基地建设的策划研究，积极策划开展海丝非遗双创共建活动、海外华裔少年实践活动等。在他的努力下，福船模文创基地还被纳入“泉港区精品一日游”旅游线路，拓宽了福船文化的传播途径。

对于泉州人来说，一幢幢中西合璧的南洋楼，饱含一段段漂洋过海、爱拼敢赢、白手起家的奋斗故事，满载着南洋华侨的浓浓乡愁，却因不断闲置而在历史中沉寂。

如今，以“南洋楼”为载体，泉州市科技特派员、农艺师刘耕杰联合优加众创空间，开展新型职业农民培训，实施大中专“星火计划”，举办一系列乡村青年创客季活动，闯出了一条“文创助推乡村振兴”的发展之路。

打造南洋楼阅读室、修缮小花园、窗台摆上乡土特色的文创产品，让越来越多的外地人慕名而来，一睹风采……在全国文明村的泉港区东张村，乡村旅游、乡村摄影、乡村文创产品开发、农耕研学、传统小吃红团 DIY、花卉微景观 DIY，一系列“农文旅”项目的开展逐渐盘活了全村的产品与资源。

“村里的妇女也参与到南洋楼的文创活化中来，通过传统小吃红团 DIY 活动、栽培花卉和定期的花艺讲座为乡村旅游增添色彩。”优加众创空间负责人柯龙俊说。

东张村的嬗变，源自该村强化改革思维、探索发展村落文创产业的创举。科技特派员力量的注入，用科技力量撬动文化新动能，用文化唤醒乡愁，赋予了农村发展的“造血”能力，原本日渐“空心化”的乡村被建设成了美丽家园。

在刘耕杰的指导下，利园农业技术（泉州）有限公司建立起福建省最大的现代化设施农业基地，建成 200 亩水培蔬菜基地作为科技特派员示范基地。刘耕杰不仅深耕现代农业，还充分发挥科特派人才资源优势，与优加众创空间联合建设起以“乡村 + 文创”为思路的“南洋创客小镇”，带动东张村一、二、三产业融合发展。

在一支支科技特派员队伍的推动下，文创产业不仅创造了新的经济增长点，也在推动传统产业转型、促进产业结构调整和高新技术转化等方面发挥了重要作用，正成为泉港区经济发展的新引擎。

下车间，教特派项目上“神舟”

天津市贝特瑞新能源科技有限公司新型无定形碳负极材料，可用于制造新一代锂离子动力与储能电池，规模化生产以来得到了市场的一致好评，一直供不应求。“企业能有今天，天津工大的高海燕博士功不可没！正是她带来的新技术，让我们在市场中站稳了脚。”贝特瑞公司的负责人说。

高海燕研究的主要领域是新材料的开发和应用。被学校选为新一批的科技特派员后，她主动把自己的研究成果介绍给企业，并与企业的研发团队共同攻关，于短时间内研发出了硅碳负极材料及快充型负极材料，不仅让企业得到了快速发展，也为硅碳材料的商业化提供了新的思路。

在天津工业大学，不仅有像高海燕这样担任科技特派员、主动进行科技成果企业孵化的教师，还有许多活跃一线的教师，正充分发挥科技特派员队伍的创新优势，为企业和新兴小微企业提供智力支持。

如天津工业大学纺织科学与工程学院的李政老师风雨无阻，每周一次，准时到天津北洋百川生物技术有限公司指导生产，带领研发团队进行项目攻关。作为一名科技特派员，自从 2010 年被派到企业后，李政就与生产一线结下了不解之缘。

在帮扶北洋百川公司的 7 年时间内，李政带队完成了“生物高分子材料普鲁兰多糖”和“生物高分子材料聚谷氨酸”菌种筛选、发酵关键控制技术和提取技术的攻关，使该项目在一年内完成了实验室研发，快速实现了项目的工业化和产业化，开发出了高端产品普鲁兰多糖和聚谷氨酸。聚谷氨酸项目现已实现年产能 5000 吨。

在服务企业的过程中，李政先后完成了天津市科学技术委员会科技成果认定一项——“聚苹果酸生产工艺条件优化及中试生产”，完成国家创新基金项目、天津市科技创新项目各一项，并在此基础上形成了大量的科研成果：发表 SCI 论文 2 篇，获发明专利授权 10 项。

“当初真没想到，当科技特派员也能有成果发表。”李政说，“原本以为当了科技特派员，科研工作肯定受影响，没想到，来到了生产一线，工作接地气了，科研更加有的放矢了。”

如今，在天津工业大学，在新材料等地方支柱产业和行业领域，科研成果产业化蔚然成风：杨庆新团队研发的“基于风光互补智能微电网的电动汽车无线充电系统”已在国家电网有限公司等投产应用，形成了多项具有自主知识产权的高性能无线充电产品，使企业新增收入 2000 余万元；由“新型纤维及非织造材料”创新团队研发的“新型熔喷非织造材料制备技术”广泛应用于高效过滤、医卫防护、汽车隔音、军用保暖等领域，实现直接销售收入 13.574 亿元；由“先进纺织复合材料”创新团队研发的“多维编织复合材料技术”已成功应用于“嫦娥”“神舟”等航天飞行器上，服务于我国的国防建设事业。

天津工业大学的严峰老师（左二）在企业实验室指导技术人员进行原油脱水实验
（严峰　供图）

育新种，企特派助产业成果快速落地

喂料口倒料、比重分选、称重包装……经过一系列种子加工流程，一袋袋精选加工包装好的玉米种子“桂单 0810”从生产线源源不断地下来，准备发往各地市场。

在南宁明阳工业区的广西兆和种业有限公司玉米杂交种子加工流水线上，广西农业科学院玉米研究所副研究员滕辉升拿起一袋刚包装好的玉米种子，仔细查看。作为广西农业科学院派驻的科技特派专员，滕辉升在这家公司还有另外一个职务——公司副总经理，负责抓产品生产与质量管理。

从之前种子年总销售量 15 万斤到现在的 300 万斤以上，资产从一开始的 500 万元猛增至现在的 1.96 亿元，广西兆和种业公司逐渐成为服务“三农”的“生力军”。这些显著的变化源自科技特派专员的到来。

2012 年，广西农业科学院出台了科技特派专员派驻企业暂行管理办法，通过派驻高级科技人员到企业全职任职，将农业科学院的新品种和新技术带到企业，为企业的科技创新提供了科技支撑。为了区别以往直接服务“三农”的科技特派员，他们给派驻企业的科技特派员起了个专门的名字——“科技特派专员”。

“科技特派专员制度让我们实现了双赢。一方面科技人员通过企业锻炼，推广农业科技更加具有针对性。另一方面，企业通过科技特派专员的带动，可以更便捷地寻找到所需的新品种、新技术，提高服务‘三农’发展的能力。”广西兆和种业公司董事长何懿说。

滕辉升在该公司指导进行新品种展示、试种、示范等推广工作，2015 年起在广西区内外共展示、试种、示范的玉米新品种 100 个，示范面积 1000 多亩。其中“桂单 0810”成为广西区内单一品种播种面积最大的玉米新品种，推广种植面积连续 3 年达 100 万亩以上。

广西农业科学院先后选派 16 名科技特派专员分别进驻华润五丰、海南三亚海源等 9 家企业担任总农艺师、总经理、执行副总等职务，为企业的生产和经营提供全程技术服务，一大批农业新技术、新品种在生产中得到广泛应用，成为助农增收的“新法宝”。

在科技特派专员的推动下，一大批新技术和新品种在田间地头“生根发芽”，给八桂大地这片绿色田野增添了丰收的希望。

上 AI，台特派力推定制竹

在福建味家生活用品制造有限公司（以下简称味家公司）竹制橱

柜定制化智能生产线上，工人按照工艺流程操作电脑，轻松地完成了竹条智能选色工作……而在早前，这项看似简单的工序需要耗费大量的人力财力。转变来源于台籍科技特派员、福建工程学院教授管幸生团队的“一臂之力”。

福建竹林面积居全国首位，其中竹材加工是特色产业，然而普遍存在着资源浪费、劳动密集等痛点。如何突破？

借助科技特派员这一机制，管幸生团队联合味家公司建设了“未家家居”文创设计网上公共平台，做到线上线下精准引流，线上“千人千面”的分析、推荐；通过 AI 技术平台，进行人工智选、智检，如生产前的选材、选色、选料及最重要的质检流程，确保生产的零失误，破解生产一线难题。

管幸生（右二）等科特派与企业负责人讨论竹产品的研发（管幸生　供图）

“能来到福建担任科技特派员，是对我的认可，是对我技术的肯定。”管幸生说。据了解，在他的团队中，还有李洋、廖继盟、林志炜等 4 名台籍科技特派员，他们先后组织实施了竹材防霉、除霉技术等新技术的研发；协助企业引入智能化全自动数控竹家具生产线，实现了年定制化生产 50 万套原创设计竹家具的能力；推动了味家公司从传统劳动密集型到技术密集型的转变，创立了全国竹原创设计第一品牌。

> 采访手记

演员去唱歌，歌手去演戏……人们对娱乐圈的跨界司空见惯。而我们在采访中深切感受到，科技特派员也早就玩起了跨界。

当前农村城镇化进程加快，一、二、三产业加速融合。在此背景下，各省不仅选认农业领域的科技人才，还积极选派一批工业和社会发展领域的科技人员到农村创业与服务，着力壮大县域主导产业，加快推进农业农村现代化。

在海南，白沙青松山兰稻、定安富硒大米、乐东尖峰黑米、琼中罗氏沼虾、昌江高钙地瓜、保亭仿野生灵芝等，都是科技特派员近年扶持发展的特色产业，为贫困农民提供了丰富的创业致富资源。

在云南，科技特派员不仅种水稻、橡胶树、水果、蔬菜、玉米、马铃薯、茶树、甘蔗，还跨界至生物质能、光伏、建筑、远程医疗、电子信息等各个方面。

在福建，科技特派员服务领域已经涵盖了全省十大特色农业产业，并向二、三产业延伸，形成了具有福建特色的现代农业产业。

科技特派员在服务各个产业之时也采用了不同的方式：有的从“单枪匹马”到“集团作战”；有的为育产业而建平台；有的从高校院所走进企业生产一线……

可以说，祖国的山山水水都留下了科技特派员的足迹，每一个产业的发展都凝结着他们的心血和汗水。

科技特派员制度正进入下一个20年，一个个新产业孕育、壮大，后续还面临着产业高质量发展、品牌打造、附加值提升等一系列问题。因此，科技特派员如何找准未来“发力点”，如何通过产业带富一方，如何把产业“玩”出新花样，成为新时代的新命题。

COMMENTS

评说篇

立在船头导航 扑下身子拉纤

他们是农村一线的科研主力军，他们是中国农业的格局创新人。

他们用有效资源撬动宏大事业，为农村指引脱贫的道路；

他们把奉献农村当作初心使命，向农民传递科技的魅力；

科特派看似默默无闻不起眼的行为，迸发出改天换地的伟大力量。

科技特派员制度拥有强大的生命力、示范力和感召力，

在未来减贫之路上，我们必将再上新台阶。

科技特派员制度：伟大时代的伟大实践

（谈　琳）

从200多人到数十万人，从福建南平一隅到遍及全国，从灾后农业产业修复帮扶到农业农村社会发展全领域支撑——20多个春秋，科技特派员们服务“三农”的坚实足迹，汇成了万里神州行进长歌中雄壮的音符；科技特派员制度催生的巨变，为这个时代的伟大实践留下生动的注脚。

科技特派员制度是一个伟大政党初心的体现。

只有中国共产党才能团结和领导全国人民实现中华民族伟大复兴的中国梦。今天的中国已跻身世界第二大经济体、制造业第一大国，在庆祝中华人民共和国成立70周年大会上，习近平总书记发表重要讲话，称“没有任何力量能够撼动我们伟大祖国的地位，没有任何力量能够阻挡中国人民和中华民族的前进步伐”。中华民族伟大复兴的梦想距离我们从来没有如此之近，但仍必须清醒地认识到，农业还是“四化同步”的短腿，农村还是全面建成小康社会的短板。

新中国成立以来，党中央始终重视“三农”工作。尤其是党的十八大以来，在以习近平同志为核心的党中央的坚强领导下，解决好“三农”问题被作为全党工作的重中之重。党的十九大提出2020年全面建成小康社会，并且庄严承诺，要让贫困人口和贫困地区同全国一道进入全面小康社会。

为了补齐“短腿”和“短板”，各种政策力度不断加大。但农村经济社会发展关键在人，科技特派员制度就是坚持以服务“三农”为出发点和落脚点，为“三农”聚集能人的制度设计。这不是为完成突击性、短期性任务而采取的一时之策，而是辉映初心、促进农村经济和社会发展的长远之计；这些能人不是为解决某一个具体的问题而短暂蹲守的“候鸟”，而是集合众力，运用综合性的手段和方法，解决农村经济和社会发展问题的重要依靠。

科技特派员制度是中国特色社会主义道路的典型诠释。

“为天地立心，为生民立命，为往圣继绝学，为万世开太平”，自古以来，知识分子就有为国为民担当的志向和传统。在中国共产党领导的“有为政府”的组织和感召之下，科技特派员们克服重重困难，成建制地将科技、信息、人才、管理、资金等现代生产要素导入农业农村，解决了农村市场经济发展中遇到的问题，促进了农村经济社会的全面发展。

以时代楷模李保国为代表的千千万万科技特派员们，明明可以留在城市享受现代化生活的惬意，却对繁华转身，与家人分离，走向条件艰苦的边远农村，用智慧和汗水浇灌农业农村发展的美好图景。作为生产要素中的最关键因素——人，科技特派员逆功利之潮群起而动，反映的恰恰是政府之手的伟力。

科技特派员制度是依靠科技创新驱动乡村振兴发展的重要实践。

科学技术是第一生产力。我国农村地域广袤，情况千差万别，要精准施策，促进传统农业转型升级，大力提升农业生产效益，实现乡村振兴发展，离不开科技创新。

这些年来，科技特派员制度以科技人才为主体、以科技成果为纽带，坚持“高位嫁接、重心下移”，推动各类要素综合集成，着力解决农民生产经营中的科技难题，着力提升农民运用适用技能脱贫增收的能力，积极动员科研人员和各方面力量投身农业农村主战场。

“中国要强，农业必须强；中国要美，农村必须美；中国要富，农民必须富。”这是 2013 年 12 月习近平总书记在中央农村工作会议上的讲话。为“三农”而生的科技特派员制度，为“三农”工作摩顶放踵的科技特派员们，注定将在中华民族伟大复兴奋斗史上书写动人的篇章。

把创新动能注入田间地头

（杨　雪）

授人以鱼不如授人以渔。服务“三农”，打脱贫攻坚战，走乡村振兴路，做给农民看，带着农民干，帮助农民赚，科技特派员制度就是授人以渔的生动实践。

解决农民生产经营中的科技难题，提升农民运用适用技能脱贫增收的能力，动员科研人员和各方面力量投身农业农村主战场，科技特派员制度推行至今，全国已有数十万名科技特派员活跃在农业农村生产一线，真正把科技创新的动能注入田间地头。这些年来，科技特派员制度坚持人才下沉、科技下乡、服务“三农”，探索了一条人才强、科技强促进农业强、助力农民增收和脱贫攻坚的农业科技社会化服务新路径。

科技特派员制度改善了农业农村一线人才和科技短缺的局面。科技特派员制度的实施紧盯乡村发展人才短板，通过政府选派技术骨干、与农民结成利益共同体等多种方式，强化了科研院所、高校和各类科技服务机构与农业农村的连接，为有志于在农村创新创业的科研人员打通了深入基层一线的渠道，构建了一支稳定服务“三农”的科技人才队伍。

科技特派员制度加快了科技成果向现实生产力的转移转化。科技特派员一头连接科技创新，一头连接生产实践，通过“高位嫁接，重心下移”的服务和创业模式，把先进农业科技成果和现代理念带给农民，把资金、技术、信息等创新要素注入农村，有力促进了科技创新与农民群体的“零距离”对接。

科技特派员制度提高了乡村治理能力。科技特派员不仅为农民传经送宝，振兴农业产业和乡村经济，还为农民带去科学知识，振兴农业文明和乡村文化。科技特派员在“把论文写在祖国的大地上”的同时，有效发挥了先锋模范作用，成为引领乡村产业和文化振兴的标杆和榜样。科技特派员与第一书记、乡村流通队伍等多方力量有机结合，为加强党对农业农村的领导、推动乡村治理现代化提供了重要支撑。

科技特派员制度带给广大农民更多科技获得感和创新福祉。20多年来，广大科技特派员围绕壮大特色优势产业，积极开展试验示范和技术服务，有效增加了农民收入，更重要的是提高了农民从事多种经营的能力。科技特派员把先进、适用的科技成果和新型商业模式引入农民增收致富的实践中，在特色种养、农产品精深加工、乡村文旅等方面培育了一大批兴农富民的乡村产业，为调整农业结构、促进一、二、三产业融合发展发挥了关键作用。

星星之火，可以燎原。科技特派员制度推行 20 余年的实践证明，创新是乡村全面振兴的重要支撑。习近平总书记对科技特派员制度推行 20 周年作出重要指示，强调要坚持把科技特派员制度作为科技创新人才服务乡村振兴的重要工作进一步抓实抓好。

当前，面临转换农业农村新旧发展动能的需求，面临落实乡村振兴战略、促进城乡融合发展的需求，面临建立健全农业科技社会化服务体系的需求，要进一步完善制度体系和政策环境，持续壮大科技特派员队伍，更好地发挥其先锋引领作用，加快将这支队伍打造为农业科技社会化服务体系的骨干力量，在科技助力脱贫攻坚和乡村振兴中不断做出新的、更大的贡献。

谱写创新驱动乡村振兴新乐章

（杨　雪　马爱平　李　艳）

扎根基层，从需求中来，到需求中去，广大科技特派员点燃了农村科技创新的火种；人才下沉、科技下乡、服务“三农”，科技特派员制度改换了一个个村庄的面貌，为科技助力脱贫攻坚和乡村振兴打造了生动样本。

科技特派员制度发端于福建，源于南平。2002 年，时任福建省省长的习近平同志指出，南平市的这种做法是对创新农村工作机制的有益探索。从初创开始，体制机制创新一直是科技特派员制度的发展主题。历经 20 多年的发展，科技特派员制度不断深化改革，加强体制机制创新，不断激发科研人员深入农业生产一线开展科技创新创业的积极性，科技特派员选派政策日趋完善，科技特派员队伍持续壮大。

科技特派员在全国各地全面开花，帮助农民富起来、乡村美起来，离不开科技特派员制度的因地制宜和与时俱进。在不同发展阶段、不同地域，“三农”问题的需求各不相同，科技特派员制度鼓励不同地区结合自身特点创新发展方向，围绕农村经济社会发展需要，建立并不断完善适应当地实际情况的科技特派员农村科技创业的投入、保障、激励和管理等机制。如果说过去创新一直是科技特派员制度的制胜法宝，那么，新时代深入推进科技特派员制度，创新依然是不二法门。

新时代深入实施科技特派员制度，应紧紧围绕创新驱动发展、乡村振兴和脱贫攻坚，进一步优化制度体系和政策环境，进一步发展壮大科技特派员队伍，建立和完善农业科技社会化服务体系，打通农业技术成果转移转化的“最后一公里”，推动乡村绿色生产新技术、新产品的应用。

新时代深入实施科技特派员制度，应丰富完善新时代科技特派员制度的内涵和实践。营造良好制度和社会环境，激发广大科技特派员服务热情和创业活力，把科技特派员打造成农业农村现代化的排头兵和乡村振兴的先锋队。

新时代深入实施科技特派员制度，应加大贫困地区本土科技人员培训力度。提高贫困农民科学文化素质，让贫困地区的老百姓掌握脱贫致富的“看家本领”、用知识“武装头脑”，彻底断掉“穷根”，为乡村全面振兴打下坚实基础。

新时代肩负新使命，新使命激励新探索。不断创新发展的科技特派员制度，将源源不断地为服务“三农”和脱贫攻坚注入深厚的创新力量，谱写创新驱动乡村振兴的奋进乐章。

后　记

乙亥末，庚子初，一场新冠肺炎疫情突袭荆楚大地，随后向全国蔓延。这是一场近百年来影响范围最广的全球性大流行病。2020 年以特殊的方式开年。几个月以来，我们克服疫情带来的不利影响，数易其稿，孕育出了这本《特有范儿：科技特派员在行动》。

我们的初心，是展现科技特派员在服务“三农”过程中扮演的不同角色——党的“三农”政策的宣传队、农业科技的传播者、科技创新创业的领头羊、乡村脱贫致富的带头人。他们的不懈努力，让广大农民在全面建设小康社会的征程中摆脱了贫困，有了获得感、幸福感。

书中收录的文章，有些是基于《科技日报》在 2019 年 10 月至 2020 年年初精心策划的“科特派二十年”栏目中的文章重新整合而成的。为更鲜活地展现科技特派员的风采，在原文章的基础上，特意请采访者增加了采访手记，从记者的视角重现当时他们随访科技特派员时内心的感悟，以拉近读者和这些行走在田间地头的科技特派员们之间的距离。

其实，在采访科技特派员的过程中，记者们常常被感动，感动于他们对“三农”的牵挂，也感动于乡亲们对科技特派员那些发自肺腑的感激与夸赞。“金杯银杯不如老百姓的口碑”，这句话在这些优秀的科技特派员身上得到了生动的体现。我们相信，科技特派员不仅是打赢脱贫攻坚战中的典型模范，而且更能在“不返贫”的新征程中发挥突出作用。

需要特别指出的是，奉献、坚守、务实、创新的特性在不少科技特派员的身上都有所体现，书中采取的只是粗线条的分类。在科技特派员制度推行的过程中，各地的实践模式各有特色，书中呈现的模式同样不能悉数囊括。在后续的工作中，我们还将继续呈现科技特派员的风采，总结创新模式的成功之道。

在这里，要感谢的人有很多。

感谢科技日报社社长李平、副社长房汉廷、副总编辑许志龙对本书出版的大力支持。感谢人民邮电出版社总编辑张立科和科技日报社策划运营部主任刘宏的直接指导。本书涉及作者约 20 名，稿件风格各异，感谢科技日报社陈瑜、高博、张盖伦、崔爽在繁忙的日常工作之余，承担了烦琐的框架敲定和统稿工作。在此过程中，我们切身感受到人民邮电出版社学术出版中心总经理王威、高级策划编辑韦毅、编辑刘禹吟的专业、认真。

值得一提的是，本书收录的不少视频是来报社交流的县级融媒体中心的人员提供的，如河北武强县融媒体中心的桑凤凤、宁夏贺兰县广播电视台的韩宁、河北省辛集市融媒体中心的沈艳云等，抚州电视台等也提供了相关素材，在此对他们的付出表示感谢。此外，部分照片是由采访对象或其所在单位以及相关部门提供的，已无法确定拍摄者，在此一并表示感谢。

由于我们能力所限，本书无法将每个科技特派员的风采淋漓尽致地呈现出来，不足之处，还请广大读者批评指正。